CARRÉS CLASSIQUES

Collection LYCÉE dirigée par
Sophie Pailloux-Riggi
Agrégée de Lettres modernes

Victor Hugo

Pauca Meae

Les Contemplations - livre IV

1856

texte intégral

Édition présentée par
Laure Blanc-Halévy
Agrégée de Lettres modernes

Nathan

sommaire

Contextes

Biographie
Qui est Victor Hugo en 1856 ? 4

Contexte historique et culturel
L'effervescence du XIXe siècle 6

Contexte culturel
Les Contemplations : « somme du romantisme » ? 8

Lire *Pauca Meae*

Texte intégral 13

Relire *Pauca Meae*

Testez votre lecture 57

Structure de l'œuvre 58

Pauses lecture
1. Ouverture ou fermeture ? 60
2. Comment dire le souvenir ? 62
3. Quelles issues à la douleur ? 64
4. « Demain dès l'aube », quel rendez-vous ? 66

Dossier central images en couleurs

ISBN 978-2-09-188520-9

5. Vers l'acceptation ? 68
6. La sortie du deuil : vers quelles valeurs ? 70

■ **Analyse d'images**
Poésie et peinture : deux arts pour transfigurer le réel ? 73

■ **Les thèmes de l'œuvre** 76

■ **Lectures transversales**
1. Léopoldine : femme, enfant, ange ? 80
2. Quelles figures du poète émergent du recueil ? 85

BAC ■ **Groupement de textes/Vers l'écrit du bac**
L'écriture poétique de la mort 90

■ **L'œuvre en débat**
Que veut dire le poète ? 95

■ **Question d'actualité**
Comment écrire le deuil aujourd'hui ? 100

■ **Rencontre avec...**
Alexandrine Achille, chargée de collection à la Maison de Victor Hugo 105

■ **Lire et voir** 108

sommaire

Qui est Victor Hugo en 1856 ?

Un proscrit

Lorsque Victor Hugo, alors âgé de 54 ans, publie *les Contemplations*, en 1856, c'est un proscrit, c'est-à-dire qu'il est en exil, dans les îles anglo-normandes de Guernesey puis de Jersey. Cet exil va durer 18 ans. Il a été expulsé de France par décret, le 9 janvier 1852, à la suite du coup d'État du 2 décembre 1851 qui a vu Louis Napoléon Bonaparte prendre le pouvoir. Cette expulsion est due aux prises de position du poète républicain contre la politique liberticide de celui qu'il nomme ironiquement « Napoléon-le-Petit ».

Un écrivain emblématique...

L'exilé n'en est pas moins très actif à la fois politiquement et poétiquement. En 1855, Victor Hugo est déjà considéré comme un monument national, il a été élu à l'Académie française en 1841 et nommé pair de France en 1845. C'est une figure tutélaire de la littérature française qui est à l'origine du renouveau du théâtre français par la théorisation du drame romantique (c'est la fameuse bataille d'*Hernani* en 1830) et c'est un poète reconnu grâce à des recueils comme *Les Orientales* (1829) ou *Les Rayons et les Ombres* (1840). Politiquement, Victor Hugo utilise sa position d'exilé pour porter un regard surplombant sur les événements français et organiser la riposte en multipliant les projets de publications : *Les Châtiments* en 1853 et *Les Misérables,* en cours d'élaboration, et publiés en 1862.

« Une figure tutélaire de la littérature française. »

... en proie à une grave crise existentielle

Mais la période dans laquelle s'insère la publication des *Contemplations* est également particulière. La date centrale du recueil est le 4 septembre 1843. C'est la date de la mort accidentelle, par noyade, de sa fille chérie, Léopoldine, âgée de 19 ans. Plus rien ne sera comme avant. Conséquence ou concomitance, 1843 est aussi une année de remise en question poétique de la part d'un auteur qui a vu ses projets théâtraux mal accueillis par le public et la critique. On parle ici de l'échec de la pièce de théâtre *Les Burgraves* en 1843.

Entre 1843 et 1846, Victor Hugo n'écrira pas de poésie. Le deuil se fait dans le silence et l'auteur préfère s'atteler à l'écriture des *Misérables* à partir de 1845.

C'est en 1846 qu'il recommence à écrire, peut-être aiguillonné par un autre décès, celui de Claire Pradier, âgée de 22 ans, la fille de sa maîtresse, Juliette Drouet, mort qui fait écho à celle de Léopoldine.

La genèse des *Contemplations*

Les Contemplations racontent donc bien l'histoire d'un deuil et d'une renaissance qui se fait dans et par l'écriture. Il s'agit par là d'une autobiographie poétique. Mais elles ne racontent pas que cela. C'est également un texte politique qui façonne à la fois un nouvel énonciateur et un nouveau destinataire. C'est Victor Hugo, poète lyrique mais aussi proscrit, exilé, misérable, qui s'adresse non plus à une bourgeoisie lettrée mais au peuple qui vit sous le joug de Napoléon III. En cela, *Les Contemplations* sont une œuvre de combat : l'exil, le deuil sont à comprendre comme le deuil d'une nation française qui a perdu sa liberté.

Le premier titre de l'ouvrage était *Les Contemplations d'Olympio*, Olympio étant un personnage de poète apparaissant dans le précédant recueil de Victor Hugo, *Les Rayons et les Ombres*. Mais des événements tels que la mort de Léopoldine, la révolution de 1848, le triomphe du parti de l'ordre et la politique liberticide de Napoléon III bouleversent les projets de Victor Hugo : ils l'amènent à envisager un volume offensif, désormais intitulé *Les Contemplations*, qui comporterait un versant lyrique (« Autrefois ») et un versant politique (« Aujourd'hui ») chargé de dénoncer la politique de l'empereur. Encore et toujours les événements s'accélèrent et le coup d'État de 1851 pousse Hugo à l'exil et à la publication en 1853 des *Châtiments* qui ne sont autres que le projet réalisé de la deuxième partie des *Contemplations*. *Les Contemplations*, elles, paraîtront en 1856 mais elles constituent le revers d'une même médaille. « *Les Contemplations* après *Les Châtiments*. Après l'effet rouge, l'effet bleu », dira Hugo dans une lettre à Paul Meurice datée du 21 février 1854. On comprendra le rouge comme celui de la rébellion et le bleu, comme celui du lyrisme. ■

« L'histoire d'un deuil et d'une renaissance. »

L'effervescence du XIXe siècle

Une époque politiquement troublée…

Le XIXe siècle est un siècle d'instabilité politique. Victor Hugo, né en 1802, connaît la fin du Consulat (1799-1804), l'Empire napoléonien (1804-1814), la Restauration (1814-1830), la monarchie de Juillet (1830-1848), la seconde République (1848-1852). À l'époque des *Contemplations*, Louis-Napoléon Bonaparte a pris le pouvoir à la suite du coup d'État du 2 décembre 1852 et a instauré, sous le nom de Napoléon III, le Second Empire qui durera jusqu'à la défaite de Sedan, en 1870. Le Second Empire connaît une première phase autoritaire où le président s'apparente davantage à un monarque concentrant les pouvoirs législatif et exécutif. Face à cette régression des libertés, Victor Hugo s'insurge, lui qui avait pourtant soutenu Louis-Napoléon Bonaparte pendant la seconde République. Il entre alors dans l'opposition et conclut chez les républicains un parcours politique débuté dans les rangs des légitimistes…

> *« Victor Hugo s'insurge. »*

Ses prises de position lui valent l'exil à Bruxelles, Jersey puis Guernesey. Exil dont il ne reviendra qu'en 1870, malgré les amnisties successives signées en 1859 et 1869 par Napoléon III. Le poète refuse en effet de revenir en France avant l'abdication de l'empereur.

… mais marquée par de profondes transformations

Les troubles politiques n'empêchent pas un développement technique et économique sans précédent : « la révolution industrielle ». Bénéficiant des progrès du siècle de Lumières, de nombreuses disciplines évoluent, comme la médecine (travaux de Pasteur), la biologie (théorie de l'évolution de Charles Darwin) ou encore les transports (démocratisation du chemin de fer, du bateau à vapeur et à la fin du siècle de l'automobile).

Un tel développement ne va pas sans une reconfiguration de l'espace urbain et social. On passe d'une société à dominante agricole et artisanale à une société à dominante économique et commerciale. Les manufactures et les usines se développent. Avec elles, une nouvelle distribution des richesses s'établit au profit de la classe dominante du XIXe siècle, la bourgeoisie, et au détriment d'une classe ouvrière vivant dans des conditions souvent intenables. Celle-là même dont Victor Hugo défend les enfants dans le poème « Melancholia » (*Les Contemplations*, livre III) ou le roman *Les Misérables*. En effet, les changements historiques et sociaux sont l'occasion d'une prise de conscience, de la part de Victor Hugo, des inégalités de la société et de royaliste et conservateur qu'il était il se fait au fil des ans le défenseur des opprimés en combattant contre la peine de mort, le travail des enfants et la misère sociale.

Le romantisme : un emblème des changements du siècle

Dans ce contexte politique et social en perpétuel changement, le monde culturel est lui aussi en proie aux bouleversements. On ne peut plus dire le monde avec les outils du classicisme ni même avec ceux du XVIIIe siècle fondés sur la philosophie ou la littérature d'idées. S'affirme le besoin d'un mouvement nouveau qui proposerait une vision globale de l'histoire et de la tourmente vécue par cette génération née de la Révolution française. Ce sera le romantisme. Ce mouvement littéraire européen, qui naît au début du XIXe siècle, est caractérisé par la volonté de dépasser l'esthétique classique au profit d'une expression de soi qui ne va pas sans la compréhension du monde. Le mouvement est réellement européen puisqu'il emprunte son goût pour la puissance de l'imaginaire à l'Allemagne (Hölderlin, Novalis), son lien avec la nature à la poésie anglaise (Byron). Il touche tous les genres en commençant par la poésie, le théâtre et le genre narratif. ■

« Le besoin d'un mouvement nouveau. »

Les Contemplations : « *somme du romantisme* » ?

Le romantisme en France : la place centrale de Victor Hugo

La spécificité du romantisme français réside dans l'expression d'un moi qui fait écho à la destinée universelle. Le « je » poétique dans sa solitude reflète toutes les solitudes d'une société désorientée par la fin du rêve de gloire, personnifié par la destinée mythique de Napoléon Ier. L'acte de naissance du romantisme français est un recueil poétique : *Les Méditations poétiques* d'Alphonse de Lamartine (1820). C'est le chant lyrique d'un « je » poétique emporté par la fuite du temps, la nostalgie des amours mortes dans une société qui a perdu ses repères. Mais le romantisme ne rime pas seulement avec lyrisme. Il s'étend à tous les genres littéraires et, après la poésie, il se propage au théâtre. Et c'est Victor Hugo qui est à l'origine de la révolution romantique au théâtre. Dans la préface de son drame historique, *Cromwell* (1827), consacré à cet homme politique anglais, il écrit un manifeste du théâtre romantique. Il instaure le mélange des genres fondé sur l'harmonie des contraires, réfute les classifications traditionnelles de comédie et de tragédie, rejette la règle des trois unités (unité de temps, de lieu, d'action) au profit

> *« Hugo à l'origine de la révolution romantique au théâtre. »*

- **1802 :** Naissance de Victor Hugo
- **1830 :** Bataille d'*Hernani*
- **1841 :** Élu à l'Académie française
- **1843 :** Mort de Léopoldine
- **1849 :** Élu à l'assemblée législative (Discours sur la misère)

1799-1804 : Consulat	1804-1814 : l'Empire	1815-1830 : Restauration	1830-1848 : Monarchie de Juillet

- **1804 :** Napoléon Ier, empereur
- **1815 :** Défaite de Waterloo
- **1820 :** Lamartine, *Méditations poétiques*
- **1848 :** Journées révolutionnaires

d'un vaste tableau de l'humanité présenté sur scène. En 1830, soutenu par Dumas, Gautier, Nerval, Balzac, Victor Hugo tente de faire jouer sa nouvelle pièce intitulée *Hernani*. Il s'ensuit une bataille mémorable dans le théâtre entre les partisans et les détracteurs : le drame romantique est né ! Enfin, le romantisme s'étend au genre narratif et à la littérature d'idées car l'artiste romantique est un artiste engagé, comme le montrent Lamartine (qui a abandonné la carrière poétique au profit de l'arène politique) et, bien sûr, Victor Hugo. Ce dernier naviguera sans cesse entre les carrières politique et poétique avec un même but. Élu à l'assemblée législative en 1849, il prononce un célèbre discours sur la misère. Parallèlement, dans ses textes, il lutte contre la peine de mort (*Claude Gueux*, *Le dernier jour d'un condamné*) ou la misère sociale (*Les Misérables*) et rappelle l'importance de l'éducation laïque.

En 1856, le romantisme a brillé et des auteurs comme Vigny (au théâtre avec *Chatterton en* 1835, en poésie avec « La mort du loup », en 1838) ou Musset (au théâtre avec *Lorenzaccio* et *On ne badine pas avec l'amour* en 1834*)* lui ont donné des chefs-d'œuvre. L'expression de « mal du siècle », employée en 1836 par Musset dans *La*

*« 1830 : la bataille d'*Hernani. »

1851 : Exil

1853 : *Les Châtiments*

1856 : *Les Contemplations*

1862 : *Les Misérables*

1885 : Mort de Victor Hugo

1848-1852 : Seconde République

1852-1870 : Second Empire

1870-1940 : Troisième République

1851 : **Coup d'État de Louis-Napoléon Bonaparte**

1857 : **Baudelaire, *les Fleurs du mal* Flaubert, *Madame Bovary***

1870 : **Défaite de Sedan et proclamation de la 3e République**

1871 : **La Commune**

1882 : **Lois Jules Ferry sur l'enseignement**

Confession d'un enfant du siècle vient résumer cette fracture entre le moi et le monde. Tout est dit ?

Les Contemplations : couronnement ou achèvement du romantisme ?

Les Contemplations appartiennent-elles au passé ? Oui, puisqu'elles évoquent dans une autobiographie poétique les souvenirs heureux du poète (section « Autrefois ») jusqu'au jour funeste du 4 septembre 1843 où il perdit sa fille. Et l'évocation nostalgique du passé est un thème romantique. De plus, on note l'omniprésence d'un « je » lyrique, « je » souffrant au sens romantique du terme puisque sa souffrance est à la fois d'ordre personnel (la perte des êtres chers) et collectif (l'exil loin de la patrie). *Les Contemplations* sont alors bien une œuvre tournée vers le passé.

« *Une autobiographie poétique.* »

L'histoire littéraire semble aller dans ce sens puisqu'un an plus tard, en 1857, paraît le recueil poétique fondateur de la modernité : *Les Fleurs du mal* de Charles Baudelaire...

Mais c'est compter sans la puissance de la vision hugolienne. Certes, *Les Contemplations* n'ont pas l'audace formelle des poètes de la modernité mais c'est l'œuvre d'un voyant. Le titre même de l'ouvrage nous l'indique. Hugo est un « contemplateur », celui qui voit au-delà du réel. C'est un œil de créateur, au sens divin du terme, dont le regard surplombant permet de dépasser la douleur de la perte des êtres chers. Dès lors, il perçoit les connexions souterraines entre la nature, les hommes et Dieu. Et dans cette recherche des harmonies secrètes qui constituent le monde à la manière de correspondances, Hugo n'est pas un ancêtre de Baudelaire mais bien un contemporain. En témoignent les lignes suivantes qui font écho à l'idée baudelairienne des correspondances : « Vous savez, mon ami que pour les esprits pensifs, toutes les parties de la nature, même les plus disparates au premier coup d'œil, se rattachent entre elles par une foule d'harmonies secrètes, fils invisibles de la création que le contemplateur aperçoit, qui font du grand tout un inextricable réseau vivant d'une seule vie, nourri d'une seule sève, un dans la variété et qui sont, pour ainsi parler, les racines mêmes de l'être. » (*En voyage*, II, 1890) ■

« Je partirai. Vois-tu, je sais que tu m'attends »

(poème XIV)

Lire…

Pauca Meae

1856

Victor Hugo

Louis Boulanger (1806-1867), Frontispice des *Contemplations*, aquarelle sur parchemin (23 x 14,5 cm), Maison de Victor Hugo, Paris.

LES CONTEMPLATIONS[1]

II

AUJOURD'HUI[2] (1843-1856)

Livre Quatrième

Pauca Meae

Pauca Meae

Le titre en latin est un emprunt aux *Bucoliques*, de Virgile. Il signifie : « quelques vers (*pauca*) pour ma fille (*meae*) ». Le texte rendait hommage à un poète élégiaque, Gallus, et sa muse Lycoris. « *Pauca meo Gallo, sed quae legat ipsa Lycoris, carmina sunt dicenda* » : « Je dois chanter quelques vers pour mon cher Gallus, mais des vers qui soient lus de Lycoris elle-même ».Le recueil revendique donc une double filiation : celle de la poésie antique et celle de l'élégie. Cette dernière est une sous-catégorie de la tonalité lyrique, qui est propre au chant de deuil. ■

1. Tout se passe comme si Victor Hugo, bouleversé par les drames transformait son regard poétique en regard détaché et quasi divin qui tente de voir le fond des choses ou, du moins, au-delà des choses.
2. « Aujourd'hui », qui rassemble les livres IV à VI, s'oppose à « Autrefois (1830-1843), qui rassemblait les livres I à III. Voir Structure de l'œuvre, p. 58.

Le dieu de Victor Hugo

La religion de Victor Hugo est une création personnelle. Elle s'oriente vers un mélange de plusieurs spiritualités et de la croyance à la vie après la mort. C'est une religion cosmique, qui fait la part belle à la Nature et à l'omniprésence des âmes des défunts. Victor Hugo s'en explique dans sa lettre testamentaire du 2 août 1883 : « Je refuse l'oraison de toutes les églises, je demande une prière à toutes les âmes. Je crois en Dieu ». ■

I

Pure Innocence ! Vertu sainte ![1]
Ô les deux sommets d'ici-bas !
Où croissent, sans ombre et sans crainte,
Les deux palmes[2] des deux combats !

Palme du combat Ignorance[3] !
Palme du combat Vérité !
L'âme, à travers sa transparence,
Voit trembler leur double clarté.

Innocence ! Vertu ! sublimes
Même pour l'œil mort du méchant !
On voit dans l'azur ces deux cimes,
L'une au levant, l'autre au couchant.

Elles guident la nef qui sombre ;
L'une est phare, et l'autre est flambeau ;
L'une a le berceau dans son ombre,
L'autre en son ombre a le tombeau.

C'est sous la terre infortunée
Que commence, obscure à nos yeux,
La ligne de la destinée ;
Elles l'achèvent dans les cieux.

Elles montrent, malgré les voiles
Et l'ombre du fatal milieu,
Nos âmes touchant les étoiles
Et la candeur mêlée au bleu.

Elles éclairent les problèmes ;
Elles disent le lendemain ;

1. L'innocence et la vertu, entendues comme forces d'âme et mérite, sont les deux valeurs célébrées dans ce recueil. Elles sont incarnées par Léopoldine et son mari Charles, la première par sa vie présentée comme exemplaire, le second par sa mort, présentée comme héroïque.
2. Symbole de victoire.
3. L'Ignorance, en ce qu'elle s'oppose à la Connaissance, n'est pas obligatoirement un mal car la Connaissance, de Dieu et du sens du monde, passe obligatoirement par la mort.

Elles sont les blancheurs suprêmes
De tout le sombre gouffre humain.

L'archange effleure de son aile
Ce faîte où Jéhovah[4] s'assied ;
Et sur cette neige éternelle
On voit l'empreinte d'un seul pied.

Cette trace qui nous enseigne,
Ce pied blanc, ce pied fait de jour,
Ce pied rose, hélas ! car il saigne,
Ce pied nu, c'est le tien, amour !

Janvier 1843[5].

La chronologie

Comme toute autobiographie, *Pauca Meae* interroge les limites entre la vérité et la sincérité. Dans 6 poèmes sur les 17 de ce livre, il y a une différence entre la date d'écriture et la date d'édition : le poète veut réécrire le passé en le plaçant sous le signe du deuil. ■

II

15 FÉVRIER 1843

Aime celui qui t'aime, et sois heureuse en lui.
– Adieu ! – Sois son trésor, ô toi qui fus le nôtre !
Va, mon enfant béni, d'une famille à l'autre.
Emporte le bonheur et laisse-nous l'ennui !

Ici, l'on te retient ; là-bas, on te désire.
Fille, épouse, ange, enfant, fais ton double devoir.
Donne-nous un regret, donne-leur un espoir,
Sors avec une larme ! entre avec un sourire !

Dans l'église, 15 février 1843[6].

4. Un des noms (avec Yahvé) donné à Dieu par les chrétiens.
5. Le poème d'ouverture est daté de janvier 1843, soit du début de l'année fatale, celle de la mort de Léopoldine, le 4 septembre. Mais, en réalité, il a été composé le 22 janvier 1855.
6. Poème rédigé le jour du mariage de Léopoldine et de Charles Vacquerie. La tonalité mortuaire (« Adieu ! ») et la mention « dans l'église » laissent planer l'ambiguïté sur la nature de la célébration : mariage ou enterrement ?

Adeline, *Un coin du cimetière de Villequier*,
1891, dessin à la plume, Paris, Maison de Victor Hugo.

4 Septembre 1843

....

III

Trois ans après

Il est temps que je me repose ;
Je suis terrassé par le sort.
Ne me parlez pas d'autre chose
Que des ténèbres où l'on dort !

Que veut-on que je recommence ?
Je ne demande désormais
A la création immense
Qu'un peu de silence et de paix !

Pourquoi m'appelez-vous encore ?
J'ai fait ma tâche et mon devoir.
Qui travaillait avant l'aurore,
Peut s'en aller avant le soir.

À vingt ans, deuil et solitude !
Mes yeux, baissés vers le gazon,
Perdirent la douce habitude
De voir ma mère à la maison[1].

Les points de suspension

Le 4 septembre 1843, lors d'une promenade en bateau sur la Seine, à Villequier, les jeunes mariés sont surpris par un tourbillon de vent qui les fait chavirer. Léopoldine, qui ne sait pas nager, se cramponne au canot renversé et Charles, bon nageur, ne parvient pas à la faire remonter à la surface. Il décide alors de mourir avec elle. Après ce drame, Victor Hugo n'écrit plus de poésie pendant trois ans. La douleur se mêle à la culpabilité car il était en voyage avec sa maîtresse, Juliette Drouet. Les points de suspension matérialisent ce renversement, que nul mot ne peut décrire. ■

1. Allusion à la mort de la mère du poète, Sophie Trébuchet, en 1821, alors que Victor Hugo avait 19 ans.

Les poèmes de 1846

Le lyrisme de Victor Hugo, éteint depuis le drame de 1843, est libéré par un choc. En 1846 meurt Claire Pradier, la fille de sa maîtresse, Juliette Drouet. Claire a 22 ans. Entre la mort de Claire et celle de Léopoldine, l'écho est évident et le poète composera 48 poèmes en 1846. Parmi eux, 8 des 17 poèmes de *Pauca Meae* (3, 4, 5, 6, 7, 9, 11, 15) et particulièrement ceux dédiés aux souvenirs de l'enfance de Léopoldine et du bonheur perdu (5, 6, 7, 9). ■

Elle nous quitta pour la tombe;
Et vous savez bien qu'aujourd'hui
Je cherche, en cette nuit qui tombe,
Un autre ange qui s'est enfui[1] !

Vous savez que je désespère,
Que ma force en vain se défend,
Et que je souffre comme père,
Moi qui souffris tant comme enfant !

Mon œuvre n'est pas terminée,
Dites-vous. Comme Adam banni,
Je regarde ma destinée,
Et je vois bien que j'ai fini[2].

L'humble enfant que Dieu m'a ravie
Rien qu'en m'aimant savait m'aider;
C'était le bonheur de ma vie
De voir ses yeux me regarder.

Si ce Dieu n'a pas voulu clore
L'œuvre qu'il me fit commencer,
S'il veut que je travaille encore,
Il n'avait qu'à me la laisser !

Il n'avait qu'à me laisser vivre
Avec ma fille à mes côtés,
Dans cette extase où je m'enivre
De mystérieuses clartés !

Ces clartés, jour d'une autre sphère,
Ô Dieu jaloux, tu nous les vends !
Pourquoi m'as-tu pris la lumière
Que j'avais parmi les vivants ?

1. Il s'agit bien sûr ici de Léopoldine Hugo.
2. Dans la Genèse, Adam est banni du paradis terrestre après qu'Ève, séduite par le serpent, a mangé le fruit de la connaissance.

As-tu donc pensé, fatal maître,
Qu'à force de te contempler,
Je ne voyais plus ce doux être,
Et qu'il pouvait bien s'en aller ?

T'es-tu dit que l'homme, vaine ombre,
Hélas ! perd son humanité
À trop voir cette splendeur sombre
Qu'on appelle la vérité[3] ?

Qu'on peut le frapper sans qu'il souffre,
Que son cœur est mort dans l'ennui,
Et qu'à force de voir le gouffre,
Il n'a plus qu'un abîme en lui ?

Qu'il va, stoïque[4], où tu l'envoies,
Et que désormais, endurci,
N'ayant plus ici-bas de joies,
Il n'a plus de douleurs aussi ?

As-tu pensé qu'une âme tendre
S'ouvre à toi pour mieux se fermer,
Et que ceux qui veulent comprendre
Finissent par ne plus aimer ?

Ô Dieu ! vraiment, as-tu pu croire
Que je préférais, sous les cieux,
L'effrayant rayon de ta gloire
Aux douces lueurs de ses yeux ?

Si j'avais su tes lois moroses,
Et qu'au même esprit enchanté
Tu ne donnes point ces deux choses,
Le bonheur et la vérité,

3. Pour le poète, la connaissance et la vérité sont liées à la mort. En tout cas, elles ne sont pas humaines et transforment celui qui voit.
4. Courageux, héroïque.

Plutôt que de lever tes voiles,
Et de chercher, cœur triste et pur,
À te voir au fond des étoiles,
Ô Dieu sombre d'un monde obscur,

J'eusse aimé mieux, loin de ta face,
Suivre, heureux, un étroit chemin,
Et n'être qu'un homme qui passe
Tenant son enfant par la main !

Maintenant, je veux qu'on me laisse !
J'ai fini ! le sort est vainqueur.
Que vient-on rallumer sans cesse
Dans l'ombre qui m'emplit le cœur ?

Vous qui me parlez, vous me dites[1]
Qu'il faut, rappelant ma raison,
Guider les foules décrépites
Vers les lueurs de l'horizon ;

Qu'à l'heure où les peuples se lèvent
Tout penseur suit un but profond ;
Qu'il se doit à tous ceux qui rêvent,
Qu'il se doit à tous ceux qui vont !

Qu'une âme, qu'un feu pur anime,
Doit hâter, avec sa clarté,
L'épanouissement sublime
De la future humanité ;

Qu'il faut prendre part, cœurs fidèles,
Sans redouter les océans,
Aux fêtes des choses nouvelles,
Aux combats des esprits géants !

1. Insertion fictive d'un interlocuteur qui enjoint le poète à poursuivre son œuvre de guide et de défenseur des opprimés.

Vous voyez des pleurs sur ma joue,
Et vous m'abordez mécontents,
Comme par le bras on secoue
Un homme qui dort trop longtemps.

Mais songez à ce que vous faites !
Hélas ! cet ange au front si beau,
Quand vous m'appelez à vos fêtes,
Peut-être a froid dans son tombeau.

Peut-être, livide et pâlie,
Dit-elle dans son lit étroit :
« Est-ce que mon père m'oublie
Et n'est plus là, que j'ai si froid ? »

Quoi ! lorsqu'à peine je résiste
Aux choses dont je me souviens,
Quand je suis brisé, las et triste,
Quand je l'entends qui me dit : « Viens ! »

Quoi ! vous voulez que je souhaite,
Moi, plié par un coup soudain,
La rumeur qui suit le poëte[2],
Le bruit que fait le paladin[3] !

Vous voulez que j'aspire encore
Aux triomphes doux et dorés !
Que j'annonce aux dormeurs l'aurore !
Que je crie : « Allez ! espérez ! »

Vous voulez que, dans la mêlée,
Je rentre ardent parmi les forts,

2. Graphie archaïsante reprise au XIXe siècle pour valoriser l'image du poète en l'insérant dans une tradition.
3. Chevalier errant du Moyen Âge.

Les yeux à la voûte étoilée… –
Oh ! l'herbe épaisse où sont les morts !

Novembre 1846.

IV

Oh ! je fus comme fou dans le premier moment,
Hélas ! et je pleurai trois jours amèrement.
Vous tous à qui Dieu prit votre chère espérance,
Pères, mères, dont l'âme a souffert ma souffrance,
Tout ce que j'éprouvais, l'avez-vous éprouvé ?
Je voulais me briser le front sur le pavé ;
Puis je me révoltais, et, par moments, terrible,
Je fixais mes regards sur cette chose horrible,
Et je n'y croyais pas, et je m'écriais : Non !
– Est-ce que Dieu permet de ces malheurs sans nom
Qui font que dans le cœur le désespoir se lève ? –
Il me semblait que tout n'était qu'un affreux rêve,
Qu'elle ne pouvait pas m'avoir ainsi quitté,
Que je l'entendais rire en la chambre à côté,
Que c'était impossible enfin qu'elle fût morte,
Et que j'allais la voir entrer par cette porte !

Oh ! que de fois j'ai dit : Silence ! elle a parlé !
Tenez ! voici le bruit de sa main sur la clé !
Attendez ! elle vient ! laissez-moi, que j'écoute !
Car elle est quelque part dans la maison sans doute !

Jersey, Marine-Terrace, 4 septembre 1852[1].

1. Ce poème est non daté dans le manuscrit. Pierre Albouy, spécialiste de Victor Hugo, propose la date probable de 1846, c'est-à-dire bien avant la date de l'édition. La mention du lieu « Jersey » est peut-être la clé. C'est un rappel à la situation historique du poète : exilé en 1852 à Jersey. C'est donc une mention politique.

V

Elle avait pris ce pli[2] dans son âge enfantin
De venir dans ma chambre un peu chaque matin ;
Je l'attendais ainsi qu'un rayon qu'on espère ;
Elle entrait et disait : « Bonjour, mon petit père » ;
Prenait ma plume, ouvrait mes livres, s'asseyait
Sur mon lit, dérangeait mes papiers, et riait,
Puis soudain s'en allait comme un oiseau qui passe.
Alors, je reprenais, la tête un peu moins lasse,
Mon œuvre interrompue, et, tout en écrivant,
Parmi mes manuscrits je rencontrais souvent
Quelque arabesque folle et qu'elle avait tracée,
Et mainte page blanche entre ses mains froissée
Où, je ne sais comment, venaient mes plus doux vers.
Elle aimait Dieu, les fleurs, les astres, les prés verts,
Et c'était un esprit avant d'être une femme.
Son regard reflétait la clarté de son âme.
Elle me consultait sur tout à tous moments.
Oh ! que de soirs d'hiver radieux et charmants,
Passés à raisonner langue, histoire et grammaire,
Mes quatre enfants[3] groupés sur mes genoux, leur mère
Tout près, quelques amis causant au coin du feu !
J'appelais cette vie être content de peu !
Et dire qu'elle est morte ! hélas ! que Dieu m'assiste !
Je n'étais jamais gai quand je la sentais triste ;
J'étais morne au milieu du bal le plus joyeux
Si j'avais, en partant, vu quelque ombre en ses yeux.

Novembre 1846, jour des morts.

2. Habitude.
3. Il s'agit par ordre de naissance de Léopoldine, Charles, François-Victor et Adèle.

Léopoldine, dessin de Victor Hugo, vers 1832,
Bibliothèque nationale de France, Paris.

VI

Quand nous habitions tous ensemble
Sur nos collines d'autrefois,
Où l'eau court, où le buisson tremble,
Dans la maison qui touche aux bois[1],

Elle avait dix ans, et moi trente ;
J'étais pour elle l'univers.
Oh ! comme l'herbe est odorante
Sous les arbres profonds et verts !

Elle faisait mon sort prospère,
Mon travail léger, mon ciel bleu.
Lorsqu'elle me disait : Mon père,
Tout mon cœur s'écriait : Mon Dieu !

À travers mes songes sans nombre,
J'écoutais son parler joyeux,
Et mon front s'éclairait dans l'ombre
À la lumière de ses yeux.

Elle avait l'air d'une princesse
Quand je la tenais par la main ;
Elle cherchait des fleurs sans cesse
Et des pauvres dans le chemin.

Elle donnait comme on dérobe,
En se cachant aux yeux de tous.
Oh ! la belle petite robe
Qu'elle avait, vous rappelez-vous ?

Le soir, auprès de ma bougie,
Elle jasait[2] à petit bruit,

1. Certainement la maison des Roches, dans l'Essonne, où l'auteur et sa famille séjournèrent en 1834 et 1835.
2. Babiller sans arrêt, bavarder, causer.

Tandis qu'à la vitre rougie
Heurtaient les papillons de nuit.

Les anges se miraient en elle.
Que son bonjour était charmant !
Le ciel mettait dans sa prunelle
Ce regard qui jamais ne ment.

Oh ! je l'avais, si jeune encore,
Vue apparaître en mon destin !
C'était l'enfant de mon aurore,
Et mon étoile du matin !

Quand la lune claire et sereine
Brillait aux cieux, dans ces beaux mois,
Comme nous allions dans la plaine !
Comme nous courions dans les bois !

Puis, vers la lumière isolée
Étoilant le logis obscur,
Nous revenions par la vallée
En tournant le coin du vieux mur ;

Nous revenions, cœurs pleins de flamme,
En parlant des splendeurs du ciel.
Je composais cette jeune âme
Comme l'abeille fait son miel.

Doux ange aux candides pensées,
Elle était gaie en arrivant... –
Toutes ces choses sont passées
Comme l'ombre et comme le vent !

Villequier, 4 septembre 1844[1].

1. La date du manuscrit est le 16 octobre 1846 alors qu'il est question, dans l'édition, du 4 septembre 1844. Ici encore le nom de lieu éclaire le choix : il s'agit de célébrer le premier anniversaire de la mort de Léopoldine par un souvenir touchant sur les lieux mêmes du drame (Villequier).

De gauche à droite et de haut en bas : Léopoldine, François, Charles et Adèle,
dessins de leur mère, Adèle Hugo, ex-Adèle Foucher, 1833, Paris, Maison de Victor Hugo.

La Bible dans *Les Contemplations*

La Bible joue un rôle important dans la poétique de Hugo. C'est à la fois un livre saint et un livre éducatif qui permet l'apprentissage de la lecture. « Aux feuillantines » (V, 10), autre poème des *Contemplations* (voir p. 63), raconte la découverte de la Bible par Victor enfant et ses deux frères. Il résume les fonctions de la littérature comme source de plaisir du texte et des images mais aussi comme moyen de transcendance du réel dans le divin. ■

VII

Elle était pâle, et pourtant rose,
Petite avec de grands cheveux.
Elle disait souvent : Je n'ose,
Et ne disait jamais : Je veux.

Le soir, elle prenait ma Bible
Pour y faire épeler sa sœur[1],
Et, comme une lampe paisible,
Elle éclairait ce jeune cœur.

Sur le saint livre que j'admire,
Leurs yeux purs venaient se fixer ;
Livre où l'une apprenait à lire,
Où l'autre apprenait à penser !

Sur l'enfant, qui n'eût pas lu seule,
Elle penchait son front charmant,
Et l'on aurait dit une aïeule
Tant elle parlait doucement !

Elle lui disait : « Sois bien sage ! »
Sans jamais nommer le démon ;
Leurs mains erraient de page en page
Sur Moïse et sur Salomon,

Sur Cyrus qui vint de la Perse,
Sur Moloch et Leviathan[2],
Sur l'enfer que Jésus traverse,
Sur l'éden où rampe Satan !

1. Il s'agit d'Adèle (1830-1915), la jeune sœur de Léopoldine.
2. Personnages bibliques : Moïse, le prophète, Salomon, roi d'Israël, Cyrus, roi de Babylone, Moloch, une idole, Léviathan, un monstre. Tous constituent un univers à la fois spirituel et fabuleux.

Moi, j'écoutais… – Ô joie immense
De voir la sœur près de la sœur !
Mes yeux s'enivraient en silence
De cette ineffable douceur.

Et dans la chambre humble et déserte
Où nous sentions, cachés tous trois,
Entrer par la fenêtre ouverte
Les souffles des nuits et des bois,

Tandis que, dans le texte auguste[3],
Leurs cœurs, lisant avec ferveur,
Puisaient le beau, le vrai, le juste,
Il me semblait, à moi, rêveur,

Entendre chanter des louanges
Autour de nous, comme au saint lieu,
Et voir sous les doigts de ces anges
Tressaillir le livre de Dieu !

Octobre 1846.

VIII

À qui donc sommes-nous ? Qui nous a ? qui nous mène ?
Vautour[4] fatalité, tiens-tu la race humaine ?
Oh ! parlez, cieux vermeils,
L'âme sans fond tient-elle aux étoiles sans nombre ?
Chaque rayon d'en haut est-il un fil de l'ombre
Liant l'homme aux soleils ?

3. Sacré, solennel. Il s'agit de la Bible.
4. L'image du vautour comme allégorie de la fatalité est déjà présente dans *Les Méditations* de Lamartine (1820) où le poète compare le malheur à « un vautour qui plonge sur sa proie ». C'est donc un thème romantique qui montre, à l'aide de l'image d'un oiseau cruel, le caractère inéluctable de la mort.

Est-ce qu'en nos esprits, que l'ombre a pour repaires,
Nous allons voir rentrer les songes de nos pères ?
Destin, lugubre assaut !
Ô vivants, serions-nous l'objet d'une dispute ?
L'un veut-il notre gloire, et l'autre notre chute ?
Combien sont-ils là-haut ?

Jadis, au fond du ciel, aux yeux du mage sombre,
Deux joueurs effrayants apparaissaient dans l'ombre.
Qui craindre ? qui prier ?
Les Manès[1] frissonnants, les pâles Zoroastres[2]
Voyaient deux grandes mains qui déplaçaient les astres
Sur le noir échiquier.

Songe horrible ! le bien, le mal, de cette voûte
Pendent-ils sur nos fronts ? Dieu, tire-moi du doute !
Ô sphinx[3], dis-moi le mot !
Cet affreux rêve pèse à nos yeux qui sommeillent,
Noirs vivants ! Heureux ceux qui tout à coup s'éveillent
Et meurent en sursaut !

Villequier, 4 septembre 1845[4].

IX

Ô souvenirs ! printemps ! aurore !
Doux rayon triste et réchauffant !
– Lorsqu'elle était petite encore,
Que sa sœur était tout enfant... –

1. Fondateur au IIIe siècle, de la religion manichéenne, qui sépare le monde et l'homme en deux : d'un côté, les ténèbres associées au mal, à la matière et de l'autre, la lumière associée au bien, à la vie divine.
2. Prophète d'une religion antérieure (Ier siècle avant J.-C.) dont s'inspire le manichéisme. Zoroastre prêche aussi le dualisme, la bataille entre bien et mal, entre ténèbres et lumière.
3. Créature mythologique détentrice d'une énigme résolue par Œdipe.
4. La date du manuscrit est le 25 avril 1854, or celle de l'édition est le 4 septembre 1845. C'est le deuxième anniversaire de la mort de Léopoldine.

Connaissez-vous sur la colline
Qui joint Montlignon à Saint-Leu,
Une terrasse qui s'incline
Entre un bois sombre et le ciel bleu[5] ?

C'est là que nous vivions. – Pénètre,
Mon cœur, dans ce passé charmant ! –
Je l'entendais sous ma fenêtre
Jouer le matin doucement.

Elle courait dans la rosée,
Sans bruit, de peur de m'éveiller ;
Moi, je n'ouvrais pas ma croisée,
De peur de la faire envoler.

Ses frères riaient… – Aube pure !
Tout chantait sous ces frais berceaux,
Ma famille avec la nature
Mes enfants avec les oiseaux ! –

Je toussais, on devenait brave.
Elle montait à petits pas,
Et me disait d'un air très grave :
« J'ai laissé les enfants en bas. »

Qu'elle fût bien ou mal coiffée,
Que mon cœur fût triste ou joyeux,
Je l'admirais. C'était ma fée,
Et le doux astre de mes yeux !

Nous jouions toute la journée.
Ô jeux charmants ! chers entretiens !
Le soir, comme elle était l'aînée,
Elle me disait : « Père, viens !

5. Évocation qui fait l'objet d'une double référence : le château de La Terrasse dans le Val d'Oise où séjourna la famille Hugo en1840-1842 et Marine-Terrace la maison de Jersey où Hugo connaît l'exil en 1852. Les deux temporalités sont ainsi mêlées dans un même souvenir.

Nous allons t'apporter ta chaise,
Conte-nous une histoire, dis ! » –
Et je voyais rayonner d'aise
Tous ces regards du paradis.

Alors, prodiguant les carnages,
J'inventais un conte profond
Dont je trouvais les personnages
Parmi les ombres du plafond.

Toujours, ces quatre douces têtes
Riaient, comme à cet âge on rit,
De voir d'affreux géants très-bêtes
Vaincus par des nains pleins d'esprit.

J'étais l'Arioste[1] et l'Homère[2]
D'un poëme éclos d'un seul jet ;
Pendant que je parlais, leur mère
Les regardait rire, et songeait.

Leur aïeul, qui lisait dans l'ombre,
Sur eux parfois levait les yeux,
Et, moi, par la fenêtre sombre
J'entrevoyais un coin des cieux !

Villequier, 4 septembre 1846.

1. Auteur italien du XVIe siècle connu pour *Le Roland furieux*, poème épique et comique fondé sur une imagination débordante et qui rencontra un très grand succès européen.
2. Poète grec du VIIIe siècle avant J.-C., auteur présumé de *L'Iliade* et de *L'Odyssée*. Il est considéré avec Virgile comme la figure tutélaire de la poésie antique.

Portrait de Léopoldine Hugo par sa mère,
dessin à la mine de plomb, Paris, Maison de Victor Hugo.

X

Pendant que le marin, qui calcule et qui doute
Demande son chemin aux constellations ;
Pendant que le berger, l'œil plein de visions,
Cherche au milieu des bois son étoile et sa route ;
Pendant que l'astronome, inondé de rayons,

Pèse un globe à travers des millions de lieues,
Moi, je cherche autre chose en ce ciel vaste et pur.
Mais que ce saphir sombre est un abîme obscur !
On ne peut distinguer, la nuit, les robes bleues
Des anges frissonnants qui glissent dans l'azur.

Avril 1847.

XI

On vit, on parle, on a le ciel et les nuages
Sur la tête ; on se plaît aux livres des vieux sages ;
On lit Virgile[1] et Dante[2] ; on va joyeusement
En voiture publique à quelque endroit charmant,
En riant aux éclats de l'auberge et du gîte ;
Le regard d'une femme en passant vous agite ;
On aime, on est aimé, bonheur qui manque aux rois !
On écoute le chant des oiseaux dans les bois
Le matin, on s'éveille, et toute une famille
Vous embrasse, une mère, une sœur, une fille !
On déjeune en lisant son journal. Tout le jour
On mêle à sa pensée espoir, travail, amour ;

1. Virgile, poète latin, auteur de *l'Enéide*, à qui Hugo a emprunté le titre « *Pauca Meae* ». C'est, avec Dante, une des figures tutélaires de la poésie en ce qu'elle a de poétique et de politique.
2. Dante, poète italien du Moyen Âge (1265-1321), est l' auteur de *La Divine Comédie*, qui raconte la descente aux enfers et la montée au Paradis du poète guidé par Virgile. Poème lyrique et politique (Dante a connu l'exil pour ses opinions politiques), il est considéré comme un modèle par Hugo.

La vie arrive avec ses passions troublées ;
On jette sa parole aux sombres assemblées ;
Devant le but qu'on veut et le sort qui vous prend,
On se sent faible et fort, on est petit et grand ;
On est flot dans la foule, âme dans la tempête ;
Tout vient et passe ; on est en deuil, on est en fête ;
On arrive, on recule, on lutte avec effort… –
Puis, le vaste et profond silence de la mort !

11 juillet 1846, en revenant du cimetière[3].

XII

À QUOI SONGEAIENT LES DEUX CAVALIERS DANS LA FORÊT

La nuit était fort noire et la forêt très sombre.
Hermann à mes côtés me paraissait une ombre.
Nos chevaux galopaient. À la garde de Dieu !
Les nuages du ciel ressemblaient à des marbres.
Les étoiles volaient dans les branches des arbres
Comme un essaim d'oiseaux de feu.

Je suis plein de regrets. Brisé par la souffrance,
L'esprit profond d'Hermann est vide d'espérance.
Je suis plein de regrets. Ô mes amours, dormez !
Or, tout en traversant ces solitudes vertes,
Hermann me dit : « Je songe aux tombes entr'ouvertes ! »
Et je lui dis : « Je pense aux tombeaux refermés ! »

L'inspiration allemande

Ce poème est rédigé en 1841 après un voyage en Allemagne. Mais par-delà la consonnance germanique des noms propres (Hermann), on peut déceler une thématique personnelle : celle des doutes d'un « je » successivement en proie à l'espoir et au désespoir. Les deux cavaliers sont peut-être les deux faces du même homme. En changeant la date dans l'édition (octobre 1853), le poète lie ce doute existentiel au doute généré par la mort de sa fille. ■

3. C'est la date de l'enterrement de Claire Pradier, fille de Juliette Drouet, qui fait écho à celle de Léopoldine.

Lui regarde en avant : je regarde en arrière,
Nos chevaux galopaient à travers la clairière ;
Le vent nous apportait de lointains angelus[1] ;
Il dit : « Je songe à ceux que l'existence afflige,
À ceux qui sont, à ceux qui vivent. – Moi, » lui dis-je,
Je pense à ceux qui ne sont plus ! »

Les fontaines chantaient. Que disaient les fontaines ?
Les chênes murmuraient. Que murmuraient les chênes ?
Les buissons chuchotaient comme d'anciens amis.
Hermann me dit : – Jamais les vivants ne sommeillent.
– En ce moment, des yeux pleurent, d'autres yeux veillent. –
Et je lui dis : « Hélas ! d'autres sont endormis ! »

Hermann reprit alors : « Le malheur, c'est la vie.
Les morts ne souffrent plus. Ils sont heureux ! j'envie
Leur fosse où l'herbe pousse, où s'effeuillent les bois.
Car la nuit les caresse avec ses douces flammes ;
Car le ciel rayonnant calme toutes les âmes
Dans tous les tombeaux à la fois ! »

Et je lui dis : « Tais-toi ! respect au noir mystère !
Les morts gisent couchés sous nos pieds dans la terre.
Les morts, ce sont les cœurs qui t'aimaient autrefois !
C'est ton ange expiré[2] ! c'est ton père et ta mère !
Ne les attristons point par l'ironie amère.
Comme à travers un rêve ils entendent nos voix. »

Octobre 1853.

1. Son de cloche qui annonce la prière à la Vierge Marie, qui se dit matin, midi et soir.
2. Le premier enfant de Victor Hugo, Léopold, qui ne vécut que trois mois.

L'Ombre du mancenillier, dessin de Victor Hugo, 1856, Paris.

XIII

VENI, VIDI, VIXI

J'ai bien assez vécu, puisque dans mes douleurs
Je marche, sans trouver de bras qui me secourent,
Puisque je ris à peine aux enfants qui m'entourent,
Puisque je ne suis plus réjoui par les fleurs ;

Puisqu'au printemps, quand Dieu met la nature en fête,
J'assiste, esprit sans joie, à ce splendide amour ;
Puisque je suis à l'heure où l'homme fuit le jour ;
Hélas ! et sent de tout la tristesse secrète ;

Puisque l'espoir serein de mon âme est vaincu ;
Puisqu'en cette saison des parfums et des roses,
Ô ma fille ! j'aspire à l'ombre où tu reposes,
Puisque mon cœur est mort, j'ai bien assez vécu.

Je n'ai pas refusé ma tâche sur la terre.
Mon sillon ? Le voilà. Ma gerbe ? La voici.
J'ai vécu souriant, toujours plus adouci,
Debout, mais incliné du côté du mystère.

J'ai fait ce que j'ai pu ; j'ai servi, j'ai veillé,
Et j'ai vu bien souvent qu'on riait de ma peine.
Je me suis étonné d'être un objet de haine,
Ayant beaucoup souffert et beaucoup travaillé.

Dans ce bagne terrestre où ne s'ouvre aucune aile,
Sans me plaindre, saignant, et tombant sur les mains,
Morne, épuisé, raillé par les forçats humains,
J'ai porté mon chaînon de la chaîne éternelle[1].

Un Jules César dégradé

Veni, vidi, vici (« je suis venu, j'ai vu, j'ai vaincu ») est une formule célèbre qu'aurait prononcée Jules César devant le Sénat romain pour qualifier la rapidité et la totalité de sa victoire sur Pharnace II du Pont (en actuelle Turquie). La phrase symbolise l'orgueil d'un homme qui domine son rival. Victor Hugo l'adapte à sa situation en la parodiant. Elle devient *veni, vidi, vixi* : « je suis venu, j'ai vu, j'ai vécu ». Or *vixi*, en latin, est un euphémisme pour « je suis mort ». Le poète, autrefois orgueilleux et fier, se représente alors en Jules César dégradé qui aspire à mourir pour rejoindre sa fille. ■

1. Le poète se représente ici en damné dans un enfer terrestre, c'est également l'image du proscrit qui se dessine ici.

Maintenant, mon regard ne s'ouvre qu'à demi ;
Je ne me tourne plus même quand on me nomme ;
Je suis plein de stupeur et d'ennui, comme un homme
Qui se lève avant l'aube et qui n'a pas dormi.

Je ne daigne plus même, en ma sombre paresse,
Répondre à l'envieux dont la bouche me nuit.
Ô seigneur ! ouvrez-moi les portes de la nuit,
Afin que je m'en aille et que je disparaisse !

Avril 1848.

XIV

Demain, dès l'aube, à l'heure où blanchit la campagne,
Je partirai. Vois-tu, je sais que tu m'attends.
J'irai par la forêt, j'irai par la montagne.
Je ne puis demeurer loin de toi plus longtemps.

Je marcherai les yeux fixés sur mes pensées,
Sans rien voir au dehors, sans entendre aucun bruit,
Seul, inconnu, le dos courbé, les mains croisées,
Triste, et le jour pour moi sera comme la nuit.

Je ne regarderai ni l'or du soir qui tombe,
Ni les voiles au loin descendant vers Harfleur[2],
Et, quand j'arriverai, je mettrai sur ta tombe
Un bouquet de houx vert et de bruyère en fleur.

3 septembre 1847.

Le poème XIV : le plus célèbre

Écrit le 4 octobre 1847, soit 4 ans après la mort de Léopoldine, il est daté du 3 septembre 1847. Cette fiction permet de donner un sens autobiographique à « Demain dès l'aube », c'est-à-dire la veille du 4 septembre. Dans la réalité, Hugo, terrassé par la douleur, ne s'est rendu réellement sur la tombe de sa fille que bien plus tard. La célébrité du poème tient d'abord au drame pathétique, qui permet l'identification, et à la concision, qui permet la mémorisation. ■

2. Ville normande située sur la rive droite de la Seine.

XV

À Villequier[1]

Maintenant que Paris, ses pavés et ses marbres,
Et sa brume et ses toits sont bien loin de mes yeux;
Maintenant que je suis sous les branches des arbres,
Et que je puis songer à la beauté des cieux;

Maintenant que du deuil qui m'a fait l'âme obscure
    Je sors, pâle et vainqueur,
Et que je sens la paix de la grande nature
    Qui m'entre dans le cœur;

Maintenant que je puis, assis au bord des ondes,
Ému par ce superbe et tranquille horizon,
Examiner en moi les vérités profondes
Et regarder les fleurs qui sont dans le gazon;

Maintenant, ô mon Dieu! que j'ai ce calme sombre
    De pouvoir désormais
Voir de mes yeux la pierre où je sais que dans l'ombre
    Elle dort pour jamais;

Maintenant qu'attendri par ces divins spectacles,
Plaines, forêts, rochers, vallons, fleuve argenté,
Voyant ma petitesse et voyant vos miracles,
Je reprends ma raison devant l'immensité;

Je viens à vous, Seigneur, père auquel il faut croire;
    Je vous porte, apaisé,
Les morceaux de ce cœur tout plein de votre gloire
    Que vous avez brisé;

1. Commune où Léopoldine a trouvé la mort.

Je viens à vous, Seigneur ! confessant que vous êtes
Bon, clément, indulgent et doux, ô Dieu vivant !
Je conviens que vous seul savez ce que vous faites,
Et que l'homme n'est rien qu'un jonc qui tremble au vent ;

Je dis que le tombeau qui sur les morts se ferme
    Ouvre le firmament[2] ;
Et que ce qu'ici-bas nous prenons pour le terme
    Est le commencement ;

Je conviens à genoux que vous seul, père auguste[3],
Possédez l'infini, le réel, l'absolu ;
Je conviens qu'il est bon, je conviens qu'il est juste
Que mon cœur ait saigné, puisque Dieu l'a voulu !

Je ne résiste plus à tout ce qui m'arrive
    Par votre volonté.
L'âme de deuils en deuils, l'homme de rive en rive,
    Roule à l'éternité.

Nous ne voyons jamais qu'un seul côté des choses ;
L'autre plonge en la nuit d'un mystère effrayant.
L'homme subit le joug sans connaître les causes.
Tout ce qu'il voit est court, inutile et fuyant.

Vous faites revenir toujours la solitude
    Autour de tous ses pas.
Vous n'avez pas voulu qu'il eût la certitude
    Ni la joie ici-bas !

Dès qu'il possède un bien, le sort le lui retire.
Rien ne lui fut donné, dans ses rapides jours,
Pour qu'il s'en puisse faire une demeure, et dire :
C'est ici ma maison, mon champ et mes amours !

2. La voûte céleste.
3. Voir note 3, p. 29.

Il doit voir peu de temps tout ce que ses yeux voient ;
Il vieillit sans soutiens.
Puisque ces choses sont, c'est qu'il faut qu'elles soient ;
J'en conviens, j'en conviens !

Le monde est sombre, ô Dieu ! l'immuable harmonie
Se compose des pleurs aussi bien que des chants ;
L'homme n'est qu'un atome en cette ombre infinie,
Nuit où montent les bons, où tombent les méchants.

Je sais que vous avez bien autre chose à faire
Que de nous plaindre tous,
Et qu'un enfant qui meurt, désespoir de sa mère,
Ne vous fait rien, à vous !

Je sais que le fruit tombe au vent qui le secoue ;
Que l'oiseau perd sa plume et la fleur son parfum ;
Que la création est une grande roue
Qui ne peut se mouvoir sans écraser quelqu'un ;

Les mois, les jours, les flots des mers, les yeux qui pleurent,
Passent sous le ciel bleu ;
Il faut que l'herbe pousse et que les enfants meurent ;
Je le sais, ô mon Dieu !

Dans vos cieux, au delà de la sphère des nues,
Au fond de cet azur immobile et dormant,
Peut-être faites-vous des choses inconnues
Où la douleur de l'homme entre comme élément.

Peut-être est-il utile à vos desseins sans nombre
Que des êtres charmants
S'en aillent, emportés par le tourbillon sombre
Des noirs événements.

Nos destins ténébreux vont sous des lois immenses
Que rien ne déconcerte et que rien n'attendrit.
Vous ne pouvez avoir de subites clémences
Qui dérangent le monde, ô Dieu, tranquille esprit !

Je vous supplie, ô Dieu ! de regarder mon âme,
    Et de considérer
Qu'humble comme un enfant et doux comme une femme
    Je viens vous adorer !

Considérez encor que j'avais, dès l'aurore,
Travaillé, combattu, pensé, marché, lutté,
Expliquant la nature à l'homme qui l'ignore,
Éclairant toute chose avec votre clarté ;

Que j'avais, affrontant la haine et la colère,
    Fait ma tâche ici-bas,
Que je ne pouvais pas m'attendre à ce salaire,
    Que je ne pouvais pas

Prévoir que, vous aussi, sur ma tête qui ploie,
Vous appesantiriez votre bras triomphant,
Et que, vous qui voyiez comme j'ai peu de joie,
Vous me reprendriez si vite mon enfant !

Qu'une âme ainsi frappée à se plaindre est sujette,
    Que j'ai pu blasphémer,
Et vous jeter mes cris comme un enfant qui jette
    Une pierre à la mer !

Considérez qu'on doute, ô mon Dieu ! quand on souffre,
Que l'œil qui pleure trop finit par s'aveugler.
Qu'un être que son deuil plonge au plus noir du gouffre,
Quand il ne vous voit plus, ne peut vous contempler.

Et qu'il ne se peut pas que l'homme, lorsqu'il sombre
Dans les afflictions,
Ait présente à l'esprit la sérénité sombre
Des constellations !

Aujourd'hui, moi qui fus faible comme une mère,
Je me courbe à vos pieds devant vos cieux ouverts.
Je me sens éclairé dans ma douleur amère
Par un meilleur regard jeté sur l'univers.

Seigneur, je reconnais que l'homme est en délire,
S'il ose murmurer ;
Je cesse d'accuser, je cesse de maudire,
Mais laissez-moi pleurer !

Hélas ! laissez les pleurs couler de ma paupière,
Puisque vous avez fait les hommes pour cela !
Laissez-moi me pencher sur cette froide pierre
Et dire à mon enfant : Sens-tu que je suis là ?

Laissez-moi lui parler, incliné sur ses restes,
Le soir, quand tout se tait,
Comme si, dans sa nuit rouvrant ses yeux célestes,
Cet ange m'écoutait !

Hélas ! vers le passé tournant un œil d'envie,
Sans que rien ici-bas puisse m'en consoler,
Je regarde toujours ce moment de ma vie
Où je l'ai vue ouvrir son aile et s'envoler !

Je verrai cet instant jusqu'à ce que je meure,
L'instant, pleurs superflus !
Où je criai : L'enfant que j'avais tout à l'heure,
Quoi donc ! je ne l'ai plus !

Ne vous irritez pas que je sois de la sorte,
Ô mon Dieu ! cette plaie a si longtemps saigné !
L'angoisse dans mon âme est toujours la plus forte,
Et mon cœur est soumis, mais n'est pas résigné.

Ne vous irritez pas ! fronts que le deuil réclame,
Mortels sujets aux pleurs,
Il nous est malaisé de retirer notre âme
De ces grandes douleurs.

Voyez-vous, nos enfants nous sont bien nécessaires,
Seigneur ; quand on a vu dans sa vie, un matin,
Au milieu des ennuis, des peines, des misères,
Et de l'ombre que fait sur nous notre destin,

Apparaître un enfant, tête chère et sacrée,
Petit être joyeux,
Si beau, qu'on a cru voir s'ouvrir à son entrée
Une porte des cieux ;

Quand on a vu, seize ans, de cet autre soi-même
Croître la grâce aimable et la douce raison,
Lorsqu'on a reconnu que cet enfant qu'on aime
Fait le jour dans notre âme et dans notre maison,

Que c'est la seule joie ici-bas qui persiste
De tout ce qu'on rêva,
Considérez que c'est une chose bien triste
De le voir qui s'en va !

Villequier, 4 septembre 1847[1].

1. La date du manuscrit est le 24 octobre 1846, celle de l'édition est le 4 septembre 1847. C'est donc le quatrième anniversaire de la mort de Léopoldine.

Le Triomphe de la Mort, miniature (1470)
pour un manuscrit de Pétrarque (1304-1374), Paris, BnF.

XVI

MORS

Je vis cette faucheuse. Elle était dans son champ.
Elle allait à grands pas moissonnant et fauchant,
Noir squelette laissant passer le crépuscule.
Dans l'ombre où l'on dirait que tout tremble et recule,
L'homme suivait des yeux les lueurs de la faulx[1].
Et les triomphateurs sous les arcs triomphaux
Tombaient; elle changeait en désert Babylone[2],
Le trône en l'échafaud et l'échafaud en trône,
Les roses en fumier, les enfants en oiseaux,
L'or en cendre, et les yeux des mères en ruisseaux.
Et les femmes criaient: – Rends-nous ce petit être.
Pour le faire mourir, pourquoi l'avoir fait naître? –
Ce n'était qu'un sanglot sur terre, en haut, en bas;
Des mains aux doigts osseux sortaient des noirs grabats;
Un vent froid bruissait dans les linceuls sans nombre;
Les peuples éperdus semblaient sous la faulx sombre
Un troupeau frissonnant qui dans l'ombre s'enfuit;
Tout était sous ses pieds deuil, épouvante et nuit.
Derrière elle, le front baigné de douces flammes,
Un ange souriant portait la gerbe d'âmes.

Mars 1854.

La mort en faucheuse

L'image de la faucheuse trouve son origine dans la mythologie antique et dans la religion chrétienne. Dans le livre de l'Apocalypse (XIV, 14-16) est évoquée l'image de la fin des temps et de la faux qui moissonne, comme allégorie de la mort qui emmène les hommes. Ici, cette allégorie permet d'infléchir quelque peu l'image. En effet, l'ange qui suit la faucheuse semble racheter les âmes. ■

1. Orthographe étymologique de « faux » : instrument tranchant pour couper l'herbe. Attribut de la mort.
2. Babylone (ou Babel) est une ville de l'Ancien Testament. Ses habitants tentèrent orgueilleusement de construire une tour atteignant le ciel pour rivaliser avec Dieu. Ce dernier les punit en multipliant les langues, ce qui les empêcha de communiquer.

XVII

Charles Vacquerie

Il ne sera pas dit que ce jeune homme, ô deuil!
Se sera de ses mains ouvert l'affreux cercueil
Où séjourne l'ombre abhorrée[1],
Hélas! et qu'il aura lui-même dans la mort
De ses jours généreux, encor pleins jusqu'au bord,
Renversé la coupe dorée,

Et que sa mère, pâle et perdant la raison,
Aura vu rapporter au seuil de sa maison,
Sous un suaire aux plis funèbres,
Ce fils, naguère encor pareil au jour qui naît,
Maintenant blême et froid, tel que la mort venait
De le faire pour les ténèbres;

Il ne sera pas dit qu'il sera mort ainsi,
Qu'il aura, cœur profond et par l'amour saisi,
Donné sa vie à ma colombe,
Et qu'il l'aura suivie au lieu morne et voilé,
Sans que la voix du père à genoux ait parlé
À cette âme dans cette tombe!

En présence de tant d'amour et de vertu,
Il ne sera pas dit que je me serai tu,
Moi qu'attendent les maux sans nombre!
Que je n'aurai point mis sur sa bière un flambeau,
Et que je n'aurai pas devant son noir tombeau
Fait asseoir une strophe sombre!

1. Du verbe «abhorrer», détester, haïr.

N'ayant pu la sauver, il a voulu mourir.
Sois béni, toi qui, jeune, à l'âge où vient s'offrir
L'espérance joyeuse encore,
Pouvant rester, survivre, épuiser tes printemps,
Ayant devant les yeux l'azur de tes vingt ans
Et le sourire de l'aurore,

À tout ce que promet la jeunesse, aux plaisirs,
Aux nouvelles amours, aux oublieux désirs
Par qui toute peine est bannie,
À l'avenir, trésor des jours à peine éclos,
À la vie, au soleil, préféras sous les flots
L'étreinte de cette agonie !

Oh ! quelle sombre joie à cet être charmant
De se voir embrassée au suprême moment,
Par ton doux désespoir fidèle !
La pauvre âme a souri dans l'angoisse, en sentant
À travers l'eau sinistre et l'effroyable instant
Que tu t'en venais avec elle !

Leurs âmes se parlaient sous les vagues rumeurs.
– Que fais-tu ? disait-elle. – Et lui disait : – Tu meurs
Il faut bien aussi que je meure ! –
Et, les bras enlacés, doux couple frissonnant,
Ils se sont en allés dans l'ombre ; et maintenant,
On entend le fleuve qui pleure.

Puisque tu fus si grand, puisque tu fus si doux
Que de vouloir mourir, jeune homme, amant, époux,
Qu'à jamais l'aube en ta nuit brille !
Aie à jamais sur toi l'ombre de Dieu penché !
Sois béni sous la pierre où te voilà couché !

La famille Vacquerie

La famille Vacquerie joue un rôle important dans la biographie de Victor Hugo. Auguste, admirateur du maître et poète lui-même, se lie avec Victor Hugo. Le père d'Auguste, armateur au Havre, reçoit les Hugo à Villequier pendant l'été 1838. C'est à cette occasion que Léopoldine et Charles, le frère aîné d'Auguste, se rencontrent. Un bonheur écourté par leur mort tragique. Par la suite, le lien avec la famille Vacquerie perdure. Auguste sera l'exécuteur testamentaire de Victor Hugo et s'occupera des éditions posthumes du poète. ■

Dors, mon fils, auprès de ma fille !

Sois béni ! que la brise et que l'oiseau des bois,
Passants mystérieux, de leur plus douce voix
Te parlent dans ta maison sombre !
Que la source te pleure avec sa goutte d'eau !
Que le frais liseron se glisse en ton tombeau
Comme une caresse de l'ombre !

Oh ! s'immoler, sortir avec l'ange qui sort,
Suivre ce qu'on aima dans l'horreur de la mort,
Dans le sépulcre ou sur les claies[1],
Donner ses jours, son sang et ses illusions !... –
Jésus baise en pleurant ces saintes actions
Avec les lèvres de ses plaies.

Rien n'égale ici-bas, rien n'atteint sous les cieux
Ces héros, doucement saignants et radieux,
Amour, qui n'ont que toi pour règle ;
Le génie à l'œil fixe, au vaste élan vainqueur,
Lui-même est dépassé par ces essors[2] du cœur ;
L'ange vole plus haut que l'aigle[3].

Dors ! – Ô mes douloureux et sombres bien-aimés !
Dormez le chaste hymen du sépulcre ! dormez !
Dormez au bruit du flot qui gronde,
Tandis que l'homme souffre, et que le vent lointain
Chasse les noirs vivants à travers le destin,
Et les marins à travers l'onde !

Ou plutôt, car la mort n'est pas un lourd sommeil,
Envolez-vous tous deux dans l'abîme vermeil,
Dans les profonds gouffres de joie,

1. Le sépulcre est le tombeau, la claie est une treillis d'osier, attelé à un cheval sur lequel on plaçait un condamné que l'on menait au supplice.
2. L'essor est littéralement l'élan d'un oiseau qui s'envole.
3. C'est la consécration du héros et de l'ange que fut Charles Vacquerie aux yeux du poète. L'aigle, animal symbole de force et de prestige (Napoléon est surnommé ainsi), est dépassé par l'ange, symbole de pureté et de vertu, les deux valeurs centrales du recueil (voir poème I, p. 14).

Où le juste qui meurt semble un soleil levant,
Où la morte au front pâle est comme un lys vivant[4],
Où l'ange frissonnant flamboie !

Fuyez, mes doux oiseaux ! évadez-vous tous deux
Loin de notre nuit froide et loin du mal hideux !
Franchissez l'éther[5] d'un coup d'aile !
Volez loin de ce monde, âpre hiver sans clarté,
Vers cette radieuse et bleue éternité,
Dont l'âme humaine est l'hirondelle !

Ô chers êtres absents, on ne vous verra plus
Marcher au vert penchant des coteaux chevelus,
Disant tout bas de douces choses !
Dans le mois des chansons, des nids et des lilas,
Vous n'irez plus semant des sourires, hélas !
Vous n'irez plus cueillant des roses !

On ne vous verra plus, dans ces sentiers joyeux,
Errer, et, comme si vous évitiez les yeux
De l'horizon vaste et superbe,
Chercher l'obscur asile et le taillis profond
Où passent des rayons qui tremblent et qui font
Des taches de soleil sur l'herbe !

Villequier, Caudebec[6], et tous ces frais vallons,
Ne vous entendront plus vous écrier : « Allons,
Le vent est bon, la Seine est belle ! »
Comme ces lieux charmants vont être pleins d'ennui !
Les hardis goëlands ne diront plus : C'est lui !
Les fleurs ne diront plus : C'est elle !

4. L'image de la jeune noyée environnée de fleurs symboles de pureté rappelle le personnage d'Ophélie de Shakespeare.
5. Dans un sens poétique, l'air le plus pur, les espaces célestes.
6. Ville normande en bord de Seine, proche de Villequier.

Dieu, qui ferme la vie et rouvre l'idéal,
Fait flotter à jamais votre lit nuptial
Sous le grand dôme aux clairs pilastres[1] ;
En vous prenant la terre, il vous prit les douleurs ;
Ce père souriant, pour les champs pleins de fleurs,
Vous donne les cieux remplis d'astres !

Allez des esprits purs accroître la tribu.
De cette coupe amère où vous n'avez pas bu,
Hélas ! nous viderons le reste.
Pendant que nous pleurons, de sanglots abreuvés,
Vous, heureux, enivrés de vous-mêmes, vivez
Dans l'éblouissement céleste !

Vivez ! aimez ! ayez les bonheurs infinis.
Oh ! les anges pensifs, bénissant et bénis,
Savent seuls, sous les sacrés voiles,
Ce qu'il entre d'extase, et d'ombre, et de ciel bleu,
Dans l'éternel baiser de deux âmes que Dieu
Tout à coup change en deux étoiles !

Jersey, 4 septembre 1852[2].

1. Colonne. Périphrase pour signifier la voûte céleste et/ou le paradis.
2. Il s'agit d'un poème non daté dans le manuscrit. Or, la date de l'édition est le 4 septembre 1852 pour célébrer les neuf ans de la mort de Léopoldine et de Charles de façon symbolique.

Portraits de Charles Vacquerie et Léopoldine Hugo,
dessin d'Adèle Hugo, Paris, Maison de Victor Hugo.

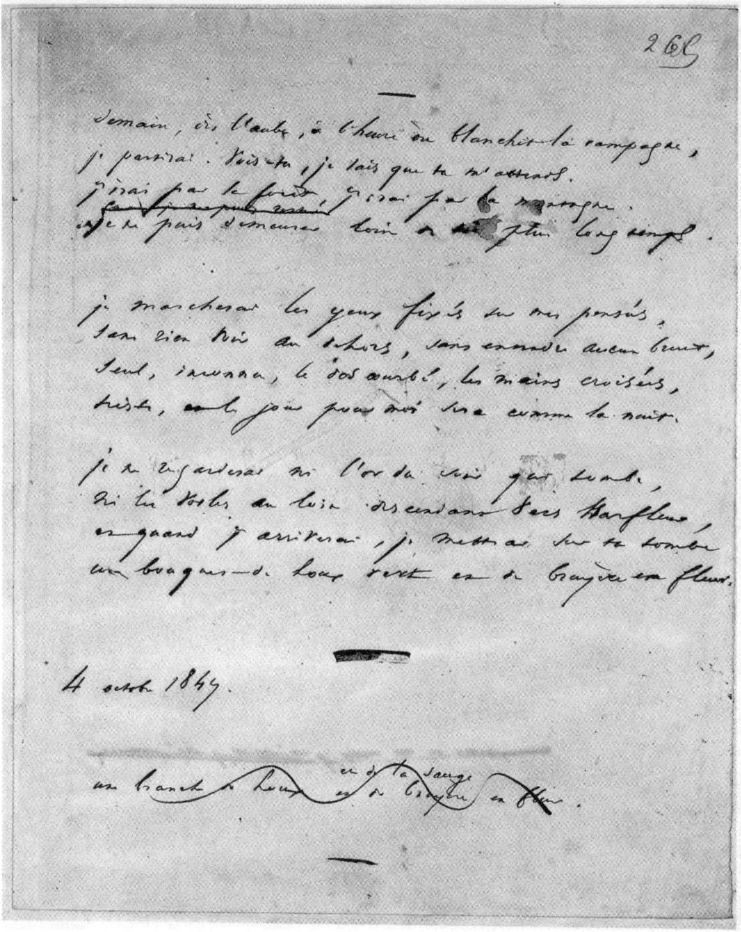
266

Demain, dès l'aube, à l'heure où blanchit la campagne,
Je partirai. Vois-tu, je sais que tu m'attends.
J'irai par la forêt, j'irai par la montagne.
Je ne puis demeurer loin de toi plus longtemps.

Je marcherai les yeux fixés sur mes pensées,
Sans rien voir au dehors, sans entendre aucun bruit,
Seul, inconnu, le dos courbé, les mains croisées,
Triste, et le jour pour moi sera comme la nuit.

Je ne regarderai ni l'or du soir qui tombe,
Ni les voiles au loin descendant vers Harfleur,
Et quand j'arriverai, je mettrai sur ta tombe
Un bouquet de houx vert et de bruyère en fleur.

4 octob. 1847.

~~un branche de houx et de la sauge et de bruyère en fleur.~~

« Demain dès l'aube... », manuscrit autographe de Victor Hugo,
en date du 4 octobre 1847. Vers publiés en 1856. Paris, BnF.

« *Il faut que l'herbe pousse et que les enfants meurent* »

(« À Villequier », poème XV)

Relire…
Pauca Meae

Victor Hugo et Auguste Vacquerie à Jersey en 1853,
Paris, Maison de Victor Hugo.

Testez votre lecture

Pauca Meae dans *Les Contemplations*

1 Dans quel livre des *Contemplations* se situe *Pauca Meae* ?

2 Quelle est la traduction française de *Pauca Meae* ?

3 De combien de poèmes *Pauca Meae* est-il composé ?

Léopoldine Hugo et sa famille

4 Qui est Léopoldine Hugo ?

5 Combien de frères et sœurs avait-elle ?

6 Comment s'appelait son mari ?

7 Que se passe-t-il le 4 septembre 1843 ?

8 Dans le poème XIV, « Demain dès l'aube », à quel événement fait allusion le poète ?

Les étapes du deuil

9 Quel poème met en scène la douleur du poète à l'annonce de la mort de sa fille ?

10 Dans quel poème le « je » poétique se rebelle-t-il contre sa destinée ?

11 « À Villequier » (poème XV) est-il un poème de refus ou d'acceptation de la mort de Léopoldine ?

12 Quelles valeurs célébrées dans le premier poème sont reprises dans le dernier ?

13 Sur quel état d'esprit poétique se termine *Pauca Meae* ?

Structure de l'œuvre

1. *Les Contemplations*

Livre	Thème
	Autrefois (1830-1843)
Livre I : Aurore	• Premier poème intitulé « À ma fille ». Mise en avant d'une « loi sainte » : « *Ne rien haïr, mon enfant ; tout aimer ou tout plaindre !* » • La jeunesse du « je » poétique. Célébration de la nature et de l'amour. • Les premiers combats romantiques (I, 7) • Léopoldine enfant
Livre II : L'âme en fleur	• L'épanouissement du « je » mais l'assombrissement de la perspective. • Réflexion sur le mystère de la mort (I, 25)
Livre III : Les luttes et les rêves	• Réalité du mal qui touche les plus démunis (I, 14-16-17) mais présence d'un idéal.
	Aujourd'hui (1843-1855)
Livre IV : *Pauca Meae*	**Livre du deuil de la fille perdue** **Douleur et rébellion, puis acceptation de la mort**
Livre V : En marche	• Reconquête de soi (IV, 3 : « *J'ai grandi* ») • L'exil et le deuil demeurent (IV, 12, 14) mais le renouveau de l'engagement en faveur des démunis. • La présence d'un au-delà spirituel (IV, 26)
Livre VI : Au bord de l'infini	• Transmutation de la douleur en contemplation de la nature, de l'infini, de Dieu (VI, 5) • Un certain apaisement (VI, 10) • Forte présence de l'au-delà liée aux expériences spirites (VI, 26) • Le message final est un message d'espoir.
Conclusion : un poème isolé : « À celle qui est restée en France »	• Dans l'exil de Guernesey, synthèse entre « Autrefois » et « Aujourd'hui ». • Léopoldine désignée comme destinataire du recueil. • Le livre se referme sur l'image du poète.

2. *Pauca Meae* : une traversée du deuil en 17 poèmes

Thématique	Poème(s)
I. Préambule : la nature céleste de Léopoldine	**I.** « Pure Innocence ! Vertu sainte ! » Innocence, vertu, amour : la trinité hugolienne
	II. « 15 février 1843 » : le mariage de Léopoldine : cérémonie nuptiale ou funèbre ?
II. La mort de Léopoldine	4 septembre 1843 : les pointillés
III. Un mélange pathétique : **1. La tentation du désespoir…**	**III.** « Trois ans après » : une autobiographie sous le signe du deuil (la mère, la fille) : « *Vous savez que je désespère* » Refus du statut de poète guide
	IV. « Oh je fus comme un fou dans le premier moment » : la douleur à l'annonce de la mort de Léopoldine
	VIII. « À qui donc sommes-nous ? » : le doute existentiel étreint le poète
	X. « Pendant que le marin, qui calcule et qui doute » : la quête de l'ange Léopoldine dans le ciel
	XI. « On vit, on parle, on a le ciel et les nuages » : la vie et sa vanité
	XII. « À quoi songeaient les deux cavaliers dans la forêt » : dissociation du « je » poétique et réflexion sur le sens de la vie et de la mort
	XIII. « Veni, vidi, vixi » : la tentation de la mort
	XIV. « Demain dès l'aube » : le rendez-vous avec la fille défunte
2. … et le culte du souvenir nostalgique	**V.** « Elle avait pris ce pli dans son âge enfantin » et **VI.** « Quand nous habitions tous ensemble » : l'évocation idéalisée de Léopoldine enfant
	VII. « Elle était pâle, et pourtant rose » : Léopoldine fait la lecture à sa sœur Adèle.
	IX. « Ô souvenirs ! Printemps ! Aurore ! » : le bonheur familial dans l'invention d'un conte
IV. L'acceptation Vers une religion de l'amour	**XV.** « À Villequier » : l'acceptation de la souffrance. Le retour à Dieu **XVI.** « Mors » : du désespoir à la renaissance à travers les figures de la Faucheuse et de l'Ange **XVII.** « Charles Vacquerie » : hommage au gendre et à la religion de l'amour

Pause lecture 1 — Ouverture ou fermeture ?

Poème II et les pointillés qui suivent la date du 4 septembre 1843, p. 15-17

Retour au texte

1 • À quels événements les dates du 15 février 1843 et du 4 septembre 1843 font-elles référence ?

2 • Ces deux passages situés au début du recueil ressemblent-ils davantage à une introduction ou à une conclusion ?

Interprétations

Début ou fin ?

3 • Relevez le champ lexical de la mort dans « 15 février 1843 ».

4 • Sur quelles antithèses les vers 4, 5, 7 sont-ils construits ?

5 • Quelle figure de Léopoldine se dessine à travers le vers 6 ?

Mariage ou deuil ?

6 • Quelle ambiguïté comporte la notation « dans l'église », à la fin du poème II ?

7 • Observez la première rime choisie par le poète. Qu'a-t-elle d'étonnant ?

8 • Quelles émotions opposées le vers final met-il en évidence ?

9 • Lisez le texte 1, ci-contre. Quelles émotions contradictoires retrouvez-vous dans l'extrait proposé et dans le poème ?

Quand les mots manquent

10 • Que matérialisent les points de suspension qui suivent la date de 4 septembre 1843 ?

11 • Peut-on qualifier « 4 septembre 1843 » de « poème » ?

12 • Lisez le texte 2, ci-contre. Pourquoi Hugo et Mallarmé privilégient-ils les procédés typographiques pour dire le deuil ?

Et vous ?

Expression orale

Quel art vous semble davantage convenir pour dire les émotions les plus fortes ?

Vers l'oral du bac

1 **Question sur l'extrait étudié –** Quel regard le lecteur est-il amené à poser dès le début du recueil sur le personnage de Léopoldine ?

2 **Question sur l'ensemble des poèmes –** En quoi ces deux extraits annoncent-ils les tonalités dominantes de *Pauca Meae* ?

Texte 1 • Gustave Simon, *La Vie d'une femme : Madame Victor Hugo* (1914)

Ce texte est une biographie d'Adèle Hugo, la femme du poète. Dans cet extrait datant de 1865, Gustave Simon rapporte les sentiments contradictoires éprouvés par les époux Hugo, qu'il connaissait bien, après le mariage de Léopoldine.

Le bonheur des jeunes mariés avait pour revers la douleur de ceux qu'ils laissaient. M. et Mme Hugo dataient leurs plus doux souvenirs de la naissance de Léopoldine. Ils l'avaient bercée, soignée, veillée, idolâtrée en commun. Elle n'avait jamais quitté la maison paternelle. Il leur semblait que, n'y trouvant plus leur fille, le foyer était vide.

Texte 2 • Stéphane Mallarmé, *Pour un tombeau d'Anatole* (1879, non publié, édité posthume en 1961)

Stéphane Mallarmé (1842-1898) est un poète, considéré comme le chef de file de la génération symboliste. C'est à la fois l'ami des peintres impressionnistes et des poètes comme Verlaine ou encore Valéry. Son écriture hermétique et conceptuelle en fait un poète souvent qualifié de difficile. En 1879, il perd son fils Anatole, âgé de 8 ans, qui meurt des suites de rhumatismes aigus. Mallarmé écrit alors 202 feuillets, ébauches qu'il ne publiera pas.

(2
mains se joignent
vers celui qu'on
ne peut presser –
mais qui est –
– qu'un espace
sépare –

Poème VII, p. 28

Retour au texte

1 • Quels sont les autres poèmes du recueil qui évoquent l'enfance de Léopoldine ?

2 • Sur quelles figures ce poème est-il centré ?

Interprétations

Délicatesse et nostalgie

3 • Quelle tonalité se dégage de la description initiale de Léopoldine ? (vers 1 à 4).

4 • En quoi le vocabulaire simple rend-il l'évocation d'autant plus pathétique ?

5 • Quel est le mètre utilisé ? En quoi participe-t-il d'une volonté de simplicité ?

6 • Quelle figure de Léopoldine les antithèses des vers 3 et 4 construisent-elles ?

La Bible : souvenir et littérature

7 • Relevez tous les mots qui reprennent « ma Bible » dans le poème. Quel point commun ont-ils ?

8 • Sur quelle figure de style se construisent les vers 20-24 ? Quel est l'effet recherché ?

9 • Lisez le texte ci-contre. Quel rôle joue, selon vous, la Bible dans la famille de Victor Hugo ?

Le poète foyer de sensations

10 • À l'aide de l'étude des pronoms, distinguez deux parties différentes dans le poème.

11 • Quelle est l'attitude du poète à partir du vers 25 ?

12 • En vous aidant du relevé des différents sens convoqués à partir du vers 25, vous direz en quoi la lecture devient ici une expérience spirituelle.

Et vous ?

Expression écrite

Quel est le livre dont la lecture vous a marqué(e) et pourquoi ?

Vers l'oral du bac

1 **Question sur l'extrait étudié** – Peut-on parler d'une communion de Léopoldine, Adèle et Victor à travers la Bible ?

2 **Question sur l'ensemble des poèmes** – Le recueil *Pauca Meae* mentionne-t-il d'autres livres chers à Victor Hugo ?

Texte • Victor Hugo, « Aux feuillantines »

Ce poème fait partie du livre V des Contemplations, *intitulé « En marche ». Il raconte un souvenir d'enfance de Victor Hugo, alors qu'il séjournait aux Feuillantines, près du Val-de-grâce, à Paris, entre 1809 et 1813.*

Mes deux frères et moi, nous étions tout enfants.
Notre mère disait : « jouez, mais je défends
« Qu'on marche dans les fleurs et qu'on monte aux échelles. »
Abel était l'aîné, j'étais le plus petit.
Nous mangions notre pain de si bon appétit,
Que les femmes riaient quand nous passions près d'elles.
Nous montions pour jouer au grenier du couvent.
Et là, tout en jouant, nous regardions souvent
Sur le haut d'une armoire un livre inaccessible.
Nous grimpâmes un jour jusqu'à ce livre noir ;
Je ne sais pas comment nous fîmes pour l'avoir,
Mais je me souviens bien que c'était une Bible.
Ce vieux livre sentait une odeur d'encensoir.
Nous allâmes ravis dans un coin nous asseoir.
Des estampes partout ! quel bonheur ! quel délire !
Nous l'ouvrîmes alors tout grand sur nos genoux,
Et dès le premier mot il nous parut si doux
Qu'oubliant de jouer, nous nous mîmes à lire.
Nous lûmes tous les trois ainsi, tout le matin,
Joseph, Ruth et Booz, le bon Samaritain,
Et, toujours plus charmés, le soir nous le relûmes.
Tels des enfants, s'ils ont pris un oiseau des cieux,
S'appellent en riant et s'étonnent, joyeux,
De sentir dans leur main la douceur de ses plumes.

Marine-Terrace, août 1855.

Pause lecture 3 Quelles issues à la douleur ?

Poème VIII et XIII, p. 29-30 et 38-39

Retour au texte

1 • Quelles sont les modalités dominantes du poème VIII ?

2 • Quelle formule célèbre est parodiée dans « *Veni, Vidi, Vixi* » ?

Interprétations

Le doute (poème VIII)

3 • Combien de questions composent le poème ? Tentez de les résumer en une seule interrogation.

4 • Que révèlent-elles de l'état d'esprit du poète ?

5 • Quels sont les deux mètres utilisés ici ? Quel effet produit leur mélange ?

6 • Relevez une métaphore du destin. Quelle est sa connotation ?

La question du bien et du mal (poème VIII)

7 • Relevez les champs lexicaux de l'ombre et de la lumière.

8 • Identifiez et interprétez plusieurs antithèses présentes dans le poème.

9 • Quelle bataille se joue ici sous nos yeux ?

10 • Quelle est l'aspiration finale du poète ?

La tentation de la mort (poème XIII)

11 • Sur quelle figure de style sont construites les trois premières strophes ? Quel est l'effet recherché ?

12 • Relevez le temps dominant des verbes des vers 13 à 24. Quelle valeur lui donner ?

13 • À la lumière des deux derniers vers interprétez le titre du poème.

Et vous ?

Lecture comparée

Lisez le texte de Rilke (ci-contre). Quelles interrogations de Victor Hugo trouvent écho dans *Les Sonnets à Orphée* ?

Vers l'oral du bac

1 **Question sur l'extrait étudié –** Quelle est la fonction de ces deux poèmes dans *Pauca Meae* ?

2 **Question sur l'ensemble des poèmes –** Quel autre poème de *Pauca Meae* propose une réflexion sur le doute et la tentation de la mort ?

Entre infiniment grand et infiniment petit, quelle est la place de l'homme ?

Analyse d'images ▶ p. 73

Léopoldine au livre d'heures

Auguste de Châtillon (1813-1881), vers 1835, huile sur toile (73 x 60 cm), Paris, Maison de Victor Hugo.

Fracta juventus ***ou le burg à l'ange***

Victor Hugo (1802-1885), 1863, plume, encre et lavis, fusain, aquarelle, gouache et papier découpé (15 x 23 cm), Paris, Maison de Victor Hugo.

La vague ou « Ma destinée »

Victor Hugo (1802-1885), 1857, plume et lavis d'encre brune, gouache sur papier vélin (17 x 26 cm), Paris, Maison de Victor Hugo.

La Mort d'Ophélie

Eugène Delacroix (1798-1863), 1844, huile sur toile (23 x 60 cm), Paris, musée du Louvre.

Texte • Rainer Maria Rilke, *Les Sonnets à Orphée* (1922)

Ces sonnets sont dédiés à une jeune danseuse hollandaise morte à vingt ans. Rilke choisit la figure tutélaire d'Orphée pour réfléchir à la disparition et au pouvoir de la poésie face à la mort.

3

Un dieu a ce pouvoir. Mais un homme, dis-moi,
comment le suivrait-il par cette étroite lyre ?
Discorde est son esprit. Pas de temple dressé
pour Apollon à la croix des chemins du cœur.

Le chant de ton enseignement n'est pas désir,
ni la quête d'un bien qu'on puisse atteindre enfin.
Le chant est existence. Et le dieu l'a facile.
Mais nous, *quand* sommes-nous, à quel moment fait-il

Servir la terre et les étoiles à notre être ?
Ce n'est rien de cela, jeune homme, quand tu aimes,
et même si la voix force ta bouche. – Apprends

à oublier que tu chantas. Cela se passe.
Chanter en vérité se fait d'un autre souffle.
Rien d'autre qu'un souffle. Une brise en Dieu. Un vent.

trad. de l'allemand J.-P. Lefebvre et M. Regnaut, © Gallimard, 1994.

Pause lecture 4 « Demain, dès l'aube » : quel rendez-vous ?

Poème XIV, p. 39

Retour au texte

1 • À quel voyage est-il fait allusion dans ce poème ?

2 • Quel est le mètre utilisé ici et dans quel but ?

Interprétations

Le voyage

3 • Relevez tous les verbes de mouvement, identifiez leur personne et leur temps. Vers quelle action finale convergent-ils ?

4 • Étudiez les rimes du poème. En quoi résument-elles le cheminement du « je » poétique ?

5 • Quels procédés (ponctuation, répétitions) permettent de rythmer le texte ?

Un rendez-vous d'amour

6 • Quels vers orientent la lecture du côté du rendez-vous amoureux ?

7 • Quel vers lève l'ambiguïté ?

8 • Quel est l'effet recherché par cette double lecture ?

Un rendez-vous poétique

9 • Quel pronom domine le poème ? De quelle tonalité est-il l'une des marques ?

10 • Effectuez une recherche : quel poète mythique est descendu chercher son épouse aux enfers ? Pourquoi peut-on alors considérer aussi « Demain dès l'aube » comme un rendez-vous avec la tradition poétique ?

11 • Lisez le texte ci-contre et expliquez ensuite pourquoi le rendez-vous avec Léopoldine est impossible.

Et vous ?

Expression écrite

« Demain dès l'aube » est l'un des poèmes les plus célèbres de Victor Hugo. Pour quelles raisons, selon vous ?

Vers l'oral du bac

1 **Question sur l'extrait étudié** – Quelle est la fonction des indications de lieu dans ce poème ?

2 **Question sur l'ensemble de la section** – En quoi le poème XIV marque-t-il un tournant dans *Pauca Meae* ?

Texte • Ludmila Charles-Wurtz, *Les Contemplations*, 2001

La critique Ludmila Charles-Wurtz se penche sur le sens symbolique du voyage dans « Demain dès l'aube ».

Le déplacement dans *Les Contemplations*, renvoie toujours à un voyage métaphysique : « En marche », titre du livre V, conduit « Au bord de l'infini », titre du livre VI. Se rendre à pied sur la tombe de l'enfant morte, c'est donc aussi, pour le père, aller au-devant de sa propre mort. À cela s'ajoute bien sûr le fait que le pèlerinage sur la tombe de l'enfant est, en 1856, matériellement impossible : Hugo, proscrit, n'a pas le droit de fouler le sol français. Le voyage décrit au futur dans ses moindres détails, est condamné à ne se réaliser que sur la scène énonciative du poème.

« Ce que je vois de ma fenêtre. Andernach. Bord du Rhin. 10 septembre 1840... », plume et lavis d'encre brune de Victor Hugo, Paris, maison de Victor Hugo.

Pause lecture 5 Vers l'acceptation ?

Poème XV, p. 40-45

Retour au texte

1 • Combien de strophes comporte le poème ?

2 • Dégagez trois parties distinctes du poème.

Interprétations

L'apaisement

3 • Sur quelle répétition sont construites les cinq premières strophes du poème ? Quel changement mettent-elles en évidence ?

4 • Relevez le champ lexical de l'apaisement dans les dix premières strophes du poème.

5 • Étudiez le système de rimes de la strophe 6. Quelle nouvelle attitude du poète souligne-t-il ?

L'homme perdu dans l'immensité

6 • Relevez plusieurs définitions de l'homme présentes dans le poème. Quel est leur point commun ?

7 • Comparez la vision de l'homme présente au vers 28 avec celle de Pascal dans le texte ci-contre. Quels points communs et quelles différences notez-vous ?

8 • « Il faut que l'herbe pousse et que les enfants meurent » (v. 71). En quoi ce vers peut-il être compris comme une « leçon » de l'histoire racontée dans *Pauca Meae* ?

L'acceptation ?

9 • Relevez plusieurs impératifs présents à partir de la strophe 23. À qui le poète s'adresse-t-il ?

10 • En analysant le jeu des concessions et des reproches, caractérisez le rapport du poète au divin.

11 • Sur quelle tonalité se clôt le poème ? Quelle est ici la valeur des pleurs ?

Et vous ?

Expression orale

Quel poème vous touche le plus, un poème d'acceptation du deuil comme « À Villequier » ou un poème de rébellion comme « À qui donc sommes-nous ? » (poème VIII) ?

Vers l'oral du bac

1 **Question sur l'extrait étudié** – Les pleurs sont-ils la seule consolation du poète dans ce texte ?

2 **Question sur l'ensemble des poèmes** – En quoi ce poème constitue-t-il une étape cruciale dans le travail de deuil du poète ?

Texte • Blaise Pascal, *Pensées* (1670)

Dans des notes publiées posthumes, le janséniste Pascal (1623-1662) écrit une apologie de la religion chrétienne que nous connaissons sous le nom de Pensées. *Le fragment 347 s'interroge sur la nature de l'homme.*

L'homme n'est qu'un roseau, le plus faible de la nature ; mais c'est un roseau pensant. Il ne faut pas que l'univers entier s'arme pour l'écraser : une vapeur, une goutte d'eau, suffit pour le tuer. Mais, quand l'univers l'écraserait, l'homme serait encore plus noble que ce qui le tue, puisqu'il sait qu'il meurt, et l'avantage que l'univers a sur lui, l'univers n'en sait rien. Toute notre dignité consiste donc en la pensée. C'est de là qu'il faut nous relever et non de l'espace et de la durée, que nous ne saurions remplir. Travaillons donc à bien penser : voilà le principe de la morale.

Blaise Pascal, sculpture d'Augustin Pajou (1730-1809),
ronde-bosse en terre cuite, Sèvres, musée national de Céramique.

Pause lecture 6 La sortie du deuil : vers quelles valeurs ?

Poème XVII, p. 48-52

Retour au texte

1 • Recherchez ce qu'on appelle un épilogue. En quoi peut-on parler d'épilogue ici ?

2 • Commentez le lieu et la date d'écriture du poème.

Interprétations

Un hommage tardif à Charles Vacquerie

3 • Résumez le sens des strophes 1 à 3.

4 • Qu'est-ce qui motive l'écriture et la place finale de ce dernier poème ?

5 • Quelles sont les qualités de Charles Vacquerie soulignées par le poète ? Quelle figure du jeune homme le poète construit-il ici ?

Les amants tragiques

6 • Quelle est la fonction du dialogue entre les deux jeunes époux à la strophe 8 ?

7 • Lisez le texte 1 ci-contre. Quel point commun y a-t-il entre ces deux couples ?

8 • En quoi peut-on parler de la transformation d'une histoire familiale tragique en mythe littéraire ?

Les valeurs hugoliennes

9 • En quoi Charles et Léopoldine sont-ils transformés dans ce poème ? Relevez les métaphores à partir de la strophe 12.

10 • Commentez « l'ange vole plus haut que l'aigle ».

11 • Quelles sont les valeurs exaltées dans ce dernier poème ?

Et vous ?

Expression écrite

Lisez le texte 2, p. 72 et dites quels éléments ont été privilégiés et quels éléments ont été délaissés par le poète dans « Charles Vacquerie ».

Vers l'oral du bac

1 **Question sur l'extrait étudié –** Ce dernier poème fait-il de Charles Vacquerie un héros ?

2 **Question sur deux extraits –** Comparez « Charles Vacquerie » au premier poème du recueil. Quelles valeurs communes retrouvez-vous ?

Texte 1 • William Shakespeare, *Roméo et Juliette* (1597)

Roméo, croyant Juliette morte, décide de se tuer, en avalant un poison.

ROMÉO
Ah ! Juliette chérie,
Pourquoi es-tu si belle encore ? Dois-je croire
Que l'impalpable mort serait amoureuse,
Et que ce monstre honni et décharné,
Te garde dans le noir pour que tu sois sa maîtresse ?
Par crainte de cela je veux rester près de toi,
Et jamais, du palais de cette nuit obscure,
Jamais ne ressortir. Ici je veux rester
Avec les vers qui sont tes chambrières. C'est ici
Que je veux mettre en jeu mon repos éternel
Et arracher au joug des étoiles contraires
Ma chair lasse du monde… Un regard ultime, mes yeux,
Une étreinte ultime, mes bras ! et vous, ô portes du souffle,
Vous, mes lèvres, scellez d'un baiser permis
Mon contrat éternel avec l'avide mort.
Viens, mon amer pilote, mon âcre guide !
Ô nocher[1] de mon désespoir, précipite d'un seul élan
Sur le roc écumeux ta barque fatiguée
Des houles de la mer. Je bois à mon amour *(Il boit)*
Que ta drogue est rapide, honnête apothicaire,
Sur un baiser je meurs. *(Il meurt)*

Acte V, scène 3, trad. Y. Bonnefoy, © Mercure de France.

1. Guide, pilote.

Texte 2 • Article du journal *Le Siècle* (7 septembre 1843)

C'est en lisant cet article que Victor Hugo, alors en voyage avec Juliette Drouet, apprit la mort de sa fille.

Hier, vers midi, M. P. Vacquerie, ancien capitaine et négociant du Havre, qui habite à Villequier une propriété située sur les bords de la Seine, ayant affaire à Caudebec, entreprit d'accomplir ce petit voyage par eau. Familier avec la navigation de la rivière et la manœuvre des embarcations, il prit avec lui, dans son canot gréé de deux voiles auriques[1], son jeune fils âgé de dix ans, son neveu M. Ch. Vacquerie et la jeune femme de ce dernier, fille, comme on le sait, de M. Victor Hugo. […]

Une demi-heure à peine s'était écoulée que l'on fut informé à terre qu'un canot avait chaviré sur le bord opposé de la rivière, par le travers d'un banc de sable, appelé le Dos-d'Âne. On courut immédiatement au lieu de l'accident.

Le canot était coiffé, ayant ses voiles bordées dont les écoutes étaient imprudemment tournées à demeure. En le redressant, on trouva dans l'intérieur un boulet et une grosse pierre servant de lest et le cadavre de M. Pierre Vacquerie incliné et la tête penchée sur le bord.

Les trois autres personnes avaient disparu. On supposa d'abord que M. Ch. Vacquerie, nageur très exercé, avait pu, en cherchant à sauver sa femme et ses parents, être entraîné plus loin. Mais rien n'apparaissant à la surface de l'eau, au moyen d'une seine[2], on dragua les environs du lieu du sinistre, et du premier coup, le filet ramena le corps inanimé de l'infortunée jeune femme, qui fut transportée à terre et déposée sur un lit. […]

Le Courrier du Havre annonce que les corps des deux autres victimes ont été retrouvés.

1. Voile qui a la forme d'un quadrilatère irrégulier.
2. Filets formant un demi-cercle.

Dossier central images en couleurs

Retour aux images

1 • Observez les dates et le thème de ces œuvres : quels sont leurs points communs ?

2 • Quels sont les matériaux et techniques utilisés pour chacune d'elles ?

Interprétation

Léopoldine transfigurée (docs I et II)

3 • Quelles ressemblances trouvez-vous entre les deux représentations de Léopoldine ?

4 • Quels procédés picturaux (composition, choix des couleurs, lumière) mettent en valeur la grâce angélique de la jeune fille ?

5 • Comment interprétez-vous le choix d'ouvrir le livre d'heures à la page de la dormition de la Vierge ?

Vers le fantastique (docs II et III)

6 • Commentez le choix des couleurs et des matériaux utilisés par Victor Hugo.

7 • En quoi les dessins de Victor Hugo ont-ils un aspect fantastique ?

Du réel au symbole (docs III et IV)

8 • Pourquoi l'eau est-elle un élément pictural aimé des peintres ?

9 • Quelle différence picturale et symbolique voyez-vous entre la façon de représenter l'eau dans l'image III et dans l'image IV ?

10 • Qu'est-ce qui suggère, dans la composition du tableau de Delacroix, la mort d'Ophélie ?

11 • Delacroix disait d'Ophélie qu'elle était « comme une branche fleurie à demi-tombée dans les flots ». Que veut symboliser le peintre dans sa représentation de la mort d'Ophélie ?

Et vous ?

Expression écrite et orale

Laquelle de ces quatre œuvres vous semble-t-elle illustrer le mieux les tonalités du recueil *Pauca Meae* ? Argumentez votre réponse.

Analyse d'images

I

II

Auguste de Châtillon (1813-1881), *Léopoldine au livre d'heures*, vers 1835, huile sur toile (73 x 60 cm), Paris, Maison de Victor Hugo.

Le peintre est un ami de la famille Hugo. Il réalise ce portrait de Léopoldine, alors âgée de 11 ans. Un fragment de la robe portée par Léopoldine a été conservée par Mme Hugo comme une relique. Victor Hugo l'évoquera dans le poème VI de *Pauca Meae* : « Oh ! La belle petite robe / Qu'elle avait, vous rappelez-vous ? ». Un livre d'heures est un livre liturgique. Il représente ici la dormition de la Vierge, c'est-à-dire sa mort.

Victor Hugo (1802-1885), *Fracta juventus ou le burg à l'ange*, 1863, plume, encre et lavis, fusain, aquarelle, gouache et papier découpé (15 x 23 cm), Paris, Maison de Victor Hugo.

Ce dessin de 1863, commémorant le vingtième anniversaire de la mort de Léopoldine, a été envoyé comme carte d'étrennes à son ami Paul Meurice. Le titre comporte une épitaphe latine *fracta juventus* (« jeunesse brisée ») et un mot allemand *burg* (« château fort »). Le portrait de Léopoldine présent dans l'ovale est proche de celui dessiné par Hugo lors d'une séance de spiritisme. La multiplicité des matériaux employés dénote le désir de proposer une composition inédite.

III

IV

Victor Hugo (1802-1885), *Ma destinée*, 1857, plume et lavis d'encre brune, gouache sur papier (17 x 26 cm), Paris, Maison de Victor Hugo.

Dès l'enfance, Victor Hugo se passionne pour le dessin. La mort de Léopoldine accentue son goût pour les sujets fantastiques et ténébreux. L'exil le mène aussi à faire de nouvelles expériences avec différents matériaux. Ses dessins sont un univers de tempêtes et d'orages où prédominent le noir et le brun comme matérialisation de ses angoisses. Le poète s'identifie ici comme souvent à l'océan et fait de la vague une métaphore de sa destinée dans toute sa puissance.

Eugène Delacroix (1798-1863), *La Mort d'Ophélie, 1844*, huile sur toile (23 x 30 cm), Paris, musée du Louvre.

Eugène Delacroix est considéré comme le peintre de la génération romantique par le choix de ses sujets littéraires ou politiques et de sa technique picturale nouvelle qui privilégie l'esquisse et les gammes chromatiques brunes. Il a été proche de Victor Hugo dans sa jeunesse. Le thème d'Ophélie obsède le peintre qui réalise trois variantes du même tableau entre 1834 et 1844.

Les thèmes de l'œuvre

Une élégie à la fille morte

- *Les Contemplations* dans leur globalité sont consacrées à Léopoldine. Le livre premier (« *Aurore* ») s'ouvre sur un poème intitulé « À ma fille ». Il comporte ce que le poète nomme une *loi sainte* : « Ne rien haïr, mon enfant; tout aimer / Ou tout plaindre ! » qui met en évidence la double orientation du recueil, à la fois élégiaque et humaniste. Le livre VI (« Au bord de l'infini ») se referme sur « À celle qui est restée en France ». Depuis son exil de Guernesey, l'écrivain adresse le recueil à sa fille : « Mets-toi sur ton séant, lève les yeux, dérange / Ce drap glacé qui fait des plis sur ton front d'ange, / Ouvre tes mains, et prends ce livre : il est à toi. »
- *Pauca Meae*, qui occupe une place centrale dans le recueil, est quant à lui intégralement dédié à Léopoldine, comme le montre le titre inspiré de Virgile (*Pauca Meae* signifie « quelques vers pour ma fille »). Le poète reprend la tradition de la poésie élégiaque, c'est-à-dire de la plainte douloureuse, pour évoquer sa fille disparue. Même si son prénom n'est jamais cité, elle est présente dans les dix-sept poèmes. Il s'agit d'une chronologie quelque peu bouleversée de sa vie où le poète évoque son mariage (poèmes I-II), son enfance (V, VI, VII, IX) mais aussi la douleur ressentie à sa mort et après. On peut parler d'une traversée du deuil par l'écriture, depuis la douleur initiale (« Oh ! Je fus comme un fou dans le premier moment », IV), la rébellion (« À qui sommes-nous ? Qui nous a ? qui nous mène ? », VIII) jusqu'à l'acceptation finale (« À Villequier », XV).
- Jean Gaudon le résume dans *Le Temps de la contemplation* : « *Les Contemplations* sont le témoignage d'une métamorphose spirituelle par la douleur – un gigantesque effort, pour émerger à tout prix de l'ombre du désespoir. Cela n'a rien de facile. Et les triomphes de la lumière que le poète dépeint sont ceux qu'il souhaite, plus souvent que ceux qu'il voit ».

Une autobiographie lyrique et politique

- *Pauca Meae* est considéré comme un sommet du lyrisme romantique. Les thèmes du deuil et du souvenir sont centraux. Mais c'est sous l'angle autobiographique qu'ils prennent leur sens. Comme le dit l'auteur dans la préface : « Qu'est-ce que *Les Contemplations* ? C'est ce qu'on pourrait appeler, si le mot n'avait quelque prétention, *les Mémoires d'une âme* ». En reprenant le terme « Mémoires », qui souligne l'imbrication de l'histoire personnelle dans l'histoire collective, Victor Hugo se place dans la lignée des *Mémoires d'Outre-Tombe* de Chateaubriand, parues en 1849-50. Et Chateaubriand est à la fois un auteur et un homme qui propose une vision de l'histoire. De la même façon, Hugo veut dans ce recueil montrer une nouvelle stature, celle d'un poète mais aussi celle d'un homme de combat. Le poète est celui qui a vécu l'expérience la plus douloureuse qui soit : la perte d'un enfant. Elle est décrite dans ses moindres détails lyriques et pathétiques. L'omniprésence du « je » autobiographique est manifeste dans *Trois ans après* (« Je suis terrassé par le sort »). Cette expérience le légitime dans sa fonction poétique puisqu'elle en fait un nouvel Orphée. Orphée est ce poète musicien évoqué dans *Les Métamorphoses* d'Ovide qui descend aux enfers pour chercher sa femme morte Eurydice (voir lecture transversale 2, p. 85). Il est devenu le symbole du poète dans sa quête de ce qui n'est plus et dans son pouvoir de le faire réapparaître. C'est du moins l'interprétation que l'on peut faire du poème *Demain dès l'aube* qui raconte l'histoire d'un rendez-vous par delà la tombe entre le poète et Léopoldine (Je sais que tu m'attends / Je ne puis demeurer loin de toi plus longtemps). Enfin, pour souligner ce lien entretenu par le poète avec les défunts, l'on sait aussi par les procès-verbaux qu'il en donne lui-même que Victor Hugo se livrait à l'époque à la pratique des « tables parlantes ». Ce sont des expériences de spiritisme visant à entrer en contact avec les morts.

- Ce poète qui a souffert le pire est donc en exil loin de sa fille. Mais cet exil paternel est aussi politique puisque Victor Hugo est véritablement exilé à Jersey lorsqu'il met la dernière main aux *Contemplations*. Il a dû fuir Paris à la suite du coup d'État de Louis-Napoléon Bonaparte et se retrouve proscrit dans les îles anglo-normandes. Les allusions à cette situation sont subtiles mais néanmoins présentes dans *Pauca Meae*, ne serait-ce que par les noms de lieu (Jersey, Marine Terrace). Le livre prend donc une autre signification : la mort de Léopoldine, c'est également la mort de la France libre d'autrefois, celle d'avant le coup d'état. Les souvenirs heureux des poèmes V, VI, VII, IX sont à comprendre aussi comme les souvenirs d'un passé politique moins troublé. Et la mort de Léopoldine, c'est aussi la mort de la liberté en France. L'exil de Victor Hugo est donc bien double. Le recueil construit ainsi une nouvelle stature du poète, il légitime sa carrure de poète mage car il a souffert. Et c'est en héros qu'il revient en septembre 1870. Les Français l'acclament à la fois comme auteur mais aussi comme défenseur des opprimés.

Le temps et l'espace dans *Pauca Meae* : mensonge ou symbole ?

- La volonté de transformer sa vie en destin amène Victor Hugo à quelques transformations du temps et de l'espace dans *Pauca Meae*. Mensonge ou mystification ? Ni l'un ni l'autre, comme dans toute autobiographie ; parfois la recherche du symbole le cède à la vérité.
- L'exemple le plus frappant étant le poème « Demain dès l'aube » qui est daté dans l'édition du 3 septembre 1847 (soit la veille du 4 septembre 1847, quatrième anniversaire de la mort de Léopoldine, ce qui explique l'incipit « **Demain** dès l'aube ») alors qu'il a été composé le 4 octobre 1847. Le poète veut faire concorder le temps chronologique avec le temps symbolique (le jour anniversaire de la mort de Léopoldine) dans un but pathétique. Six datations divergentes sur dix-sept poèmes sont ainsi répertoriées dans *Pauca Meae*. Pierre Moreau, auteur de l'article *Les Contemplations ou le temps retrouvé* l'explique ainsi : « [*Les Contemplations* sont] un aménagement apparemment artificieux mais qui répond à une réalité profonde, qui introduit dans les poèmes de date ancienne des notes appelées à resurgir dans l'expérience d'aujourd'hui ». Le temps est donc fait de retours en arrière et d'anticipations dans un seul but : retrouver celle qui n'est plus.
- Car l'autre particularité du temps dans *Pauca Meae* est qu'il s'agit d'une « recherche du temps perdu » et ce, tout particulièrement dans les poèmes consacrés à l'enfance de Léopoldine (V, VI, VII, IX). Le poète se complaît dans des évocations de Léopoldine enfant qui parfois se répètent. L'objectif est de retrouver ces moments de bonheur par l'écriture. La tonalité est alors pathétique car elle distille la nostalgie de ce qui n'est plus.
- Pour ce qui est de l'espace, encore une fois, l'auteur mêle réalité et symbole. Il distingue trois types de lieux : ceux du bonheur, ceux du deuil et ceux de l'exil. L'espace des jours heureux quand Léopoldine était enfant se trouve dans ses environs de Paris (Montlignon, Saint-Leu). L'espace du deuil est celui de la Normandie où Léopoldine est morte (Harfleur, Caudebec et Villequier). Le nom de Villequier près duquel elle s'est noyée est mentionné six fois. Cette insistance peut être interprétée comme une volonté de recréer une géographie du souvenir qui environnerait le lieu du décès pour parvenir à annuler sa charge mortifère. Enfin, l'espace est aussi celui de l'exil. Quand il écrit la fin des *Contemplations*, Victor Hugo est exilé à Jersey puis à Guernesey à la suite du coup d'État de Louis-Napoléon Bonaparte. Et c'est bien en exilé qu'il veut s'adresser aux Français. Voilà pourquoi on trouve la mention de Jersey et de Marine-Terrace, la maison de Victor Hugo à Jersey.

Victor Hugo sur le rocher des Proscrits en 1853 (Île de Jersey), photographie de Charles Hugo.

Retour au texte

1 • Combien de poèmes évoquent directement le personnage de Léopoldine ?

2 • Relevez les qualificatifs employés pour caractériser la jeune fille dans les poèmes VI (p. 25-26) et IX (p. 30-32).

Interprétations

L'enfant idéalisée (poèmes V, VI, VII et IX)

3 • Quels points communs thématiques identifiez-vous dans ces quatre poèmes ?

4 • Quelles relations le poète entretient-il avec sa fille dans ses poèmes ? Comparez avec le texte 1, p. 81.

5 • Relevez les propos au discours direct prêtés à Léopoldine dans ces quatre poèmes et dites quelle est la fonction du discours direct.

La figure de l'ange (ensemble du recueil)

6 • Dans quels poèmes du recueil Léopoldine est-elle comparée à un ange ?

7 • Quelle est la symbolique de l'ange ? Qu'est-ce qui motive ici la métaphore de l'ange ?

8 • Lisez le texte 2, p. 81-82. Qu'apporte-t-il de plus à la figure de l'ange ?

Une nouvelle Ophélie ? (poème XVII)

9 • Ophélie est un personnage d'*Hamlet* de Shakespeare. Délaissée par son amant Hamlet, Ophélie sombre dans la folie et meurt noyée après avoir tressé des couronnes de fleurs. Ophélie devient le symbole romantique de la jeunesse brisée, de la jeune fille guettée par la folie et la mort. Elle a inspiré de nombreux écrivains et peintres.
Relevez dans le poème XVII (p. 48-52) une comparaison florale qui rappelle le personnage d'Ophélie.

10 • Lisez le texte 3, p. 83 et soulignez les points communs et les différences avec le personnage de Léopoldine.

Texte 1 • Victor Hugo, *Lettre à Léopoldine* (1834)

Victor Hugo, alors en voyage, écrit à sa fille Léopoldine, âgée de 10 ans.

Bonjour, ma Poupée, bonjour, mon cher petit ange. Je t'ai promis de t'écrire. Tu vois que je suis de parole.

J'ai vu la mer, j'ai vu de belles églises, j'ai vu de jolies campagnes. La mer est grande, les églises sont belles, les campagnes sont jolies ; mais les campagnes sont moins jolies que toi, les églises sont moins belles que ta maman, la mer est moins grande que mon amour pour vous tous.

Ma Poupée, j'ai donné bien des fois, en pensant à vous, mes petits, des sous à de pauvres enfants qui allaient pieds nus au bord des routes. Je vous aime bien.

Encore quelques heures, et je t'embrasserai sur tes deux bonnes petites joues, et mon gros Charlot, et ma petite Dédé qui me sourira, j'espère, et mon pauvre Toto l'exilé.

À bientôt, ma Didine. Garde toujours cette lettre. Quand tu seras grande, je serai vieux, tu me la montreras, et nous nous aimerons bien ; quand tu seras vieille, je n'y serai plus, tu la montreras à tes enfants et ils t'aimeront comme je t'aime. À bientôt.

Ton petit papa,
V.
Étampes, 19 août 1834.

Texte 2 • Victor Hugo, *Les Châtiments* (1853)

Les Châtiments *est le recueil du combat politique contre Louis Napoléon Bonaparte qui précède* Les Contemplations. *Initialement, les deux recueils étaient réunis.*

STELLA
Je m'étais endormi la nuit près de la grève.
Un vent frais m'éveilla, je sortis de mon rêve,

Lecture transversale 1

J'ouvris les yeux, je vis l'étoile du matin.
Elle resplendissait au fond du ciel lointain
Dans sa blancheur molle, infinie et charmante.
Aquilon[1] s'enfuyait emportant la tourmente.
L'astre éclatant changeait la nuée en duvet.
C'était une clarté qui pensait, qui vivait ;
Elle apaisait l'écueil où la vague déferle ;
On croyait voir une âme à travers une perle.
Il faisait nuit encor, l'ombre régnait en vain,
Le ciel s'illuminait d'un sourire divin.
La lueur argentait le haut du mât qui penche ;
Le navire était noir, mais la voile était blanche ;
Des goëlands debout sur un escarpement,
Attentifs, contemplaient l'étoile gravement
Comme un oiseau céleste et fait d'une étincelle ;
L'océan, qui ressemble au peuple, allait vers elle,
Et rugissant tout bas, la regardait briller,
Et semblait avoir peur de la faire envoler.
Un ineffable amour emplissait l'étendue.
L'herbe verte à mes pieds frissonnait éperdue,
Les oiseaux se parlaient dans les nids ; une fleur
Qui s'éveillait me dit – c'est l'étoile ma sœur.
Et pendant qu'à longs plis l'ombre levait son voile,
J'entendis une voix qui venait de l'étoile
Et qui disait : - Je suis l'astre qui vient d'abord.
Je suis celle qu'on croit dans la tombe et qui sort.
J'ai lui sur le Sina[2], j'ai lui sur le Taygète[3] ;

1. Vent du nord, rapide comme l'aigle (*aquila*, en latin).
2. Dans la Bible, mont sur lequel Dieu confia à Moïse les Tables de la Loi.
3. Mont sur lequel Lycurgue, législateur de la ville de Sparte, aurait trouvé ses lois.

Je suis le caillou d'or et de feu que Dieu jette,
Comme avec une fronde, au front noir de la nuit.
Je suis ce qui renaît quand un monde est détruit.
Ô nations ! je suis la Poésie ardente.
J'ai brillé sur Moïse et j'ai brillé sur Dante.
Le lion Océan est amoureux de moi.
J'arrive. Levez-vous, vertu, courage, foi !
Penseurs, esprits, montez sur la tour, sentinelles !
Paupières, ouvrez-vous, allumez-vous, prunelles,
Terre, émeus le sillon, vie, éveille le bruit,
Debout, vous qui dormez ! – car celui qui me suit,
Car celui qui m'envoie en avant la première,
C'est l'ange Liberté, c'est le géant Lumière !

31 août. Jersey.

Texte 3 • Arthur Rimbaud, « Ophélie » (1870)

« Ophélie » est écrit en 1870 par Arthur Rimbaud, alors âgé de 16 ans. Exercice de style parnassien, le poème est envoyé pour publication au grand écrivain Théodore de Banville.

I

Sur l'onde calme et noire où dorment les étoiles
La blanche Ophélia flotte comme un grand lys,
Flotte très lentement, couchée en ses longs voiles…
– On entend dans les bois lointains des hallalis[4].

Voici plus de mille ans que la triste Ophélie
Passe, fantôme blanc, sur le long fleuve noir ;
Voici plus de mille ans que sa douce folie
Murmure sa romance à la brise du soir.

4. Son du cor de chasse, qui annonce la mise à mort de l'animal poursuivi.

Le vent baise ses seins et déploie en corolle
Ses grands voiles bercés mollement par les eaux ;
Les saules frissonnants pleurent sur son épaule,
Sur son grand front rêveur s'inclinent les roseaux.

Les nénuphars froissés soupirent autour d'elle ;
Elle éveille parfois, dans un aune qui dort,
Quelque nid, d'où s'échappe un petit frisson d'aile :
– Un chant mystérieux tombe des astres d'or.

John Everett Millais (1829-1896), *Ophélie*,
huile sur toile (0,76 x 1,12 m), Londres, Tate Gallery.

Retour au texte

1 • Qui a dit : « *Veni, vidi, vici* » ?

2 • Citez quelques personnages célèbres auquel le poète se compare dans les poèmes de *Pauca Meae*.

Interprétations

Le poète et ses pairs

3 • Quel(s) point(s) commun(s) existe-t-il entre l'Arioste, Homère (poème IX, p. 30-33) et Victor Hugo ?

4 • « On lit Virgile et Dante » (poème XI, vers 3, p. 34). Lisez le texte 1 ci-contre et dites ce que représentent ces deux poètes pour Victor Hugo.

5 • Justifiez le choix du titre « *Veni, Vidi, Vixi* » (poème XIII, p. 38).

Un nouvel Orphée ?

6 • Orphée, selon la légende antique reprise par Ovide et Virgile, est un poète qui utilise sa lyre pour charmer les dieux infernaux afin de ramener des enfers son épouse Eurydice, morte peu de temps après leur mariage. Les dieux l'autorisent à le faire mais à la seule condition de ne pas se retourner en chemin pour vérifier qu'Eurydice le suit bien. Mais, juste avant la sortie, trop impatient, il se retourne et perd son épouse à jamais. Il est considéré comme le père mythique de la poésie lyrique. Âgé de quinze ans, Victor Hugo traduit l'épisode des *Géorgiques* de Virgile consacré à Orphée. Lisez le texte 2 ci-après et dites en quoi le deuil d'Orphée et celui de Victor Hugo se ressemblent.

7 • Quel célèbre poème de *Pauca Meae* raconte un voyage vers la mort qui s'apparente à la descente aux enfers d'Orphée ?

Du croyant au contemplateur

8 • À qui s'adresse le poète dans le poème VIII, p. 29-30 ? Quelle est son attitude face à la religion traditionnelle ?

9 • En quoi peut-on dire que le poème XV, p. 40-45, marque un retour à la religion ?

10 • Lisez le texte 3, p. 88, et essayez de caractériser les particularités de la « religion » du poète.

Texte 1 • Ludmila Charles-Wurtz, *Poétique du sujet lyrique dans l'œuvre de Victor Hugo* (1998)

Ludmila Charles-Wurtz est une spécialiste de la poésie hugolienne. Elle explique ici ce que symbolisent Virgile et Dante pour Victor Hugo.

Dante et Virgile

Dante Alighieri est pour Hugo la figure emblématique de la poésie politique et Virgile, le modèle de la poésie amoureuse [...]. Dante est ici l'archétype du juste vengeur. Le premier poème du livre troisième [des *Contemplations*] lui est dédié. *Écrit sur un exemplaire de la* Divina Commedia énumère les corps dans lesquels l'âme de Dante s'est incarnée : celui qui fut d'abord « une haute montagne », puis un « chêne » rendant des augures, devient ensuite un lion « parlant à la nuit sombre avec sa voix grondante », pour finalement devenir homme et s'appeler Dante. Dante poète parle depuis l'exil avec la voix menaçante du lion. C'est aussi le proscrit en colère que met en scène le poème « Les Malheureux » (V, 26).

Texte 2 • Virgile, *Les Géorgiques* (trad. V. Hugo, 1817)

[...]
Enfin il ramenait l'objet de son amour,
Qu'il ne devait revoir qu'en revoyant le jour;
Soudain... (ce tendre amour, dont il n'est plus le maître,
Aurait fléchi l'enfer si l'enfer eut pu l'être).
Troublé, prêt de sortir de l'infernale nuit,
Il s'arrête, il regarde... hélas! tout est détruit.
Trois fois d'un bruit affreux retentit le tartare.
Ah! s'écrie Eurydice, un coup d'œil nous sépare,
Cher époux? qu'as-tu fait? quel dieu nous a perdus?

L'enfer s'est ébranlé sous mes pas éperdus,
Le destin me rappelle en ce séjour terrible ;
Je sens mes yeux nager dans un sommeil horrible…
En vain je tends les bras… les gouffres sont rouverts…
Orphée ! adieu… j'expire, hélas ! et tu me perds !…
Soudain, vapeur légère, elle s'enfuit dans l'ombre,
Orphée en vain lui parle, en vain cherche son ombre,
Il ne la revoit plus, et le cruel Caron
Le repousse des bords de l'avare Achéron.
Alors, pleurant deux fois une épouse ravie,
Que faire ? où fuir ? comment traîner sa triste vie ?
Comment fléchir la Parque et les dieux infernaux ?
Du Styx, déjà glacée, elle franchit les eaux.

Gustave Moreau (1826-1898), *Orphée sur la tombe d'Eurydice*, huile sur toile, Paris, musée Gustave Moreau.

Texte 3 • Victor Hugo, *Les Contemplations* (1846)

C'est dans le livre VI des Contemplations, *et plus précisément dans ce poème que Hugo se rapproche le plus de sa définition personnelle de la religion. Le texte, inspiré de ses séances de spiritisme, reste volontairement très obscur car les vérités révélées aux mortels le sont tout autant.*

Ce que dit la bouche d'ombre

L'homme en songeant descend au gouffre universel.
J'errais près du dolmen qui domine Rozel,
À l'endroit où le cap se prolonge en presqu'île.
Le spectre m'attendait ; l'être sombre et tranquille
Me prit par les cheveux dans sa main qui grandit,
M'emporta sur le haut du rocher, et me dit :

Sache que tout connaît sa loi, son but, sa route ;
Que, de l'astre au ciron, l'immensité s'écoute ;
Que tout a conscience en la création ;
Et l'oreille pourrait avoir sa vision,
Car les choses et l'être ont un grand dialogue.
Tout parle : l'air qui passe et l'alcyon qui vogue,
Le brin d'herbe, la fleur, le germe, l'élément. [...]

Les Contemplations, VI, 26.

Antoine Bourdelle (1861-1929), *Étude pour la fresque* Orphée et Eurydice, théâtre des Champs-Élysées, aquarelle et plume, 1912, Paris, musée Bourdelle.

Vers l'écrit du bac

L'écriture poétique de la mort

▸ **Objet d'étude : écriture poétique et quête de sens, du Moyen-Âge à nos jours**

Retour à *Pauca Meae*

1. La plainte est-elle la seule tonalité de *Pauca Meae* pour dire la mort ?
2. La mort de Léopoldine met-elle un terme à la communication entre le poète et sa fille ?

Corpus complémentaire

Texte A – Malherbe, *Consolation à Monsieur Du Périer sur la mort de sa fille* (1598)

Le poète de cour François de Malherbe (1555-1628) tente de consoler en vers son ami François du Périer qui a perdu sa fille Marguerite, en 1598.

Ta douleur, du Périer, sera donc éternelle,
Et les tristes discours
Que te met en l'esprit l'amitié paternelle
L'augmenteront toujours ?

Le malheur de ta fille au tombeau descendue
Par un commun trépas,
Est-ce quelque dédale, où ta raison perdue
Ne se retrouve pas ?

Je sais de quels appas son enfance était pleine,
Et n'ai pas entrepris,
Injurieux ami, de soulager ta peine
Avecque son mépris.

Mais elle était du monde, où les plus belles choses
Ont le pire destin :
Et rose elle a vécu ce que vivent les roses,
L'espace d'un matin.

Puis quand ainsi serait, que selon ta prière,
Elle aurait obtenu
D'avoir en cheveux blancs terminé sa carrière,
Qu'en fût-il advenu ?

Penses-tu que, plus vieille, en la maison céleste
Elle eût eu plus d'accueil ?
Ou qu'elle eût moins senti la poussière funeste
Et les vers du cercueil ?

Non, non, mon du Périer, aussitôt que la Parque
Ôte l'âme du corps,
L'âge s'évanouit au deçà de la barque,
Et ne suit point les morts. [...]

La Mort a des rigueurs à nulle autre pareilles ;
On a beau la prier,
La cruelle qu'elle est se bouche les oreilles,
Et nous laisse crier.

Le pauvre en sa cabane, où le chaume le couvre,
Est sujet à ses lois ;
Et la garde qui veille aux barrières du Louvre
N'en défend point nos rois.

De murmurer contre elle, et perdre patience,
Il est mal à propos ;
Vouloir ce que Dieu veut, est la seule science
Qui nous met en repos.

Texte B – Victor Hugo, *Les Contemplations*, livre VI, poème XXII (1856)

Ce que c'est que la mort

Ne dites pas : mourir ; dites : naître. Croyez.
On voit ce que je vois et ce que vous voyez ;
On est l'homme mauvais que je suis, que vous êtes ;
On se rue aux plaisirs, aux tourbillons, aux fêtes ;
On tâche d'oublier le bas, la fin, l'écueil,
La sombre égalité du mal et du cercueil ;
Quoique le plus petit vaille le plus prospère ;
Car tous les hommes sont les fils du même père ;
Ils sont la même larme et sortent du même œil.
On vit, usant ses jours à se remplir d'orgueil ;
On marche, on court, on rêve, on souffre, on penche, on tombe,

On monte. Quelle est donc cette aube ? C'est la tombe.
Où suis-je ? Dans la mort. Viens ! Un vent inconnu
Vous jette au seuil des cieux. On tremble ; on se voit nu,
Impur, hideux, noué des mille nœuds funèbres
De ses torts, de ses maux honteux, de ses ténèbres ;
Et soudain on entend quelqu'un dans l'infini
Qui chante, et par quelqu'un on sent qu'on est béni,
Sans voir la main d'où tombe à notre âme méchante
L'amour, et sans savoir quelle est la voix qui chante.
On arrive homme, deuil, glaçon, neige ; on se sent
Fondre et vivre ; et, d'extase et d'azur s'emplissant,
Tout notre être frémit de la défaite étrange
Du monstre qui devient dans la lumière un ange.

Au Dolmen de la tour blanche, jour des morts,
novembre 1854.

Texte C – Arthur Rimbaud, « Le Dormeur du val » (1870)

C'est un trou de verdure où chante une rivière,
Accrochant follement aux herbes des haillons
D'argent; où le soleil, de la montagne fière,
Luit : c'est un petit val qui mousse de rayons.

Un soldat jeune, bouche ouverte, tête nue,
Et la nuque baignant dans le frais cresson bleu,
Dort; il est étendu dans l'herbe, sous la nue,

Pâle dans son lit vert où la lumière pleut.
Les pieds dans les glaïeuls, il dort. Souriant comme
Sourirait un enfant malade, il fait un somme :
Nature, berce-le chaudement : il a froid.

Les parfums ne font pas frissonner sa narine;
Il dort dans le soleil, la main sur sa poitrine,
Tranquille. Il a deux trous rouges au côté droit.

Texte D – Paul Verlaine, « L'Enterrement » (1866)

Je ne sais rien de gai comme un enterrement!
Le fossoyeur qui chante et sa pioche qui brille,
La cloche, au loin, dans l'air, lançant son svelte trille,
Le prêtre en blanc surplis, qui prie allègrement,

L'enfant de chœur avec sa voix fraîche de fille,
Et quand, au fond du trou, bien chaud, douillettement,
S'installe le cercueil, le mol éboulement
De la terre, édredon du défunt, heureux drille,

Tout cela me paraît charmant, en vérité!
Et puis, tout rondelets, sous leur frac écourté,
Les croque-morts au nez rougi par les pourboires,

Et puis les beaux discours concis, mais pleins de sens,
Et puis, cœurs élargis, fronts où flotte une gloire,
Les héritiers resplendissants!

Sujet de bac

Questions *(4 pts)*

Par quels moyens poétiques (tonalités, métrique, figures de style) les quatre textes évoquent-ils la mort?

Travaux d'écriture *(16 pts)*

■ **Commentaire :**

Vous ferez un commentaire du texte de Paul Verlaine (texte D).

■ **Dissertation :**

Dans quelle mesure la poésie est-elle un genre efficace pour évoquer les grandes questions qui préoccupent l'homme (la vie, l'amour, la mort)? Vous répondrez à cette question en vous appuyant sur les textes du corpus, sur ceux que vous avez étudiés en classe et sur vos lectures personnelles.

■ **Écriture d'invention :**

Vous imaginerez un dialogue entre deux critiques littéraires au cours d'un débat sur la fonction de la poésie. L'un pense que la poésie ne peut qu'être lyrique, qu'exprimer le « moi » du poète; l'autre estime qu'on ne saurait la réduire à cette seule fonction. Chacun des points de vue devra comporter plusieurs arguments, illustrés par des références précises à des poèmes.

Le succès public des *Contemplations* a été aussi inattendu qu'immédiat. Toutefois, le temps n'était guère propice à la poésie de Victor Hugo. En effet, son ennemi juré, Napoléon III, avait remporté des succès militaires et était devenu populaire. Les journaux impérialistes ainsi que les ennemis littéraires de l'écrivain étaient donc tout disposés à éreinter celui qui était à l'origine du surnom « Napoléon le petit ». 3 000 exemplaires des *Contemplations* parurent le 24 avril 1856. Le 26 avril, 2 500 exemplaires avaient été vendus. Il fallut réimprimer à la hâte le 20 mai en surmontant les difficultés de communication avec l'auteur, exilé à Guernesey. Les réimpressions connurent moins de succès mais le phénomène était déjà en marche.
Que veut dire le poète dans ce recueil ? Quelle fut la réception des *Contemplations* parmi les contemporains du poète et ceux d'aujourd'hui ? Qu'est-ce que l'on a aimé ou reproché ?

1 • Lisez le texte 1 (p. 96) et résumez l'objectif de Victor Hugo quand il écrit *Les Contemplations*.

2 • Quels sont les reproches faits par Barbey d'Aurevilly aux *Contemplations* (texte 2, p. 97) ? À quelles particularités de l'écriture poétique de Victor Hugo cet auteur est-il insensible ?

3 • Quelles sont les qualités du recueil soulignées par les textes 3 et 4 (p. 97 et 98) ?

Texte 1 • Victor Hugo, préface des *Contemplations*, Guernesey, mars 1856

Si un auteur pouvait avoir quelque droit d'influer sur la disposition d'esprit des lecteurs qui ouvrent son livre, l'auteur des *Contemplations* se bornerait à dire ceci : ce livre doit être lu comme on lirait le livre d'un mort.

Vingt-cinq années sont dans ces deux volumes. *Grande mortalis œvi spatium*[1]. L'auteur a laissé, pour ainsi dire, ce livre se faire en lui. La vie, en filtrant goutte à goutte à travers les événements et les souffrances, l'a déposé dans son cœur. Ceux qui s'y pencheront retrouveront leur propre image dans cette eau profonde et triste, qui s'est lentement amassée là, au fond d'une âme.

Qu'est-ce que les *Contemplations*? C'est ce qu'on pourrait appeler, si le mot n'avait quelque prétention, *les Mémoires d'une âme*.

Ce sont, en effet, toutes les impressions, tous les souvenirs, toutes les réalités, tous les fantômes vagues, riants ou funèbres, que peut contenir une conscience, revenus et rappelés, rayon à rayon, soupir à soupir, et mêlés dans la même nuée sombre. C'est l'existence humaine sortant de l'énigme du berceau et aboutissant à l'énigme du cercueil; c'est un esprit qui marche de lueur en lueur en laissant derrière lui la jeunesse, l'amour, l'illusion, le combat, le désespoir, et qui s'arrête éperdu « au bord de l'infini ». Cela commence par un sourire, continue par un sanglot, et finit par un bruit de clairon de l'abîme.

Une destinée est écrite là jour à jour.

Est-ce donc la vie d'un homme? Oui, et la vie des autres hommes aussi. Nul de vous n'a l'honneur d'avoir une vie qui soit à lui. Ma vie est la vôtre, votre vie est la mienne, vous vivez ce que je vis; la destinée est une. Prenez donc ce miroir, et regardez-vous-y. On se plaint quelquefois des écrivains qui disent moi. Parlez-nous de nous, leur crie-t-on. Hélas! quand je vous parle de moi, je vous parle de vous. Comment ne le sentez-vous pas? Ah! insensé, qui crois que je ne suis pas toi! [...]

Nous venons de le dire, c'est une âme qui se raconte dans ces deux volumes : *Autrefois, Aujourd'hui*. Un abîme les sépare, le tombeau.

1. Grande durée dans la vie d'un mortel.

Texte 2 • Barbey d'Aurevilly, article paru dans *Le Pays*, 19 et 25 juin 1856

À propos de *Pauca Meae*

Dans ces strophes, et souvent ailleurs, le ton est si faux (littérairement) qu'on dirait un trafiquant de larmes de ce père, qui a réellement pleuré, et qui souille avec de telles affectations la sainteté de sa mélancolie. Hugo a beaucoup lu la Bible : qu'il se compare ! Ce n'est pas ainsi que David pleurait Jonathas. Du reste quand nous avons parlé de ces quelques beaux cris paternels passant à travers l'emphase et la *poussée* d'images qui obsèdent l'esprit de Hugo, nous avons tout loué dans son volume d'*Aujourd'hui*… Ôtez le livre *Pauca Meae*, consacré au deuil de sa vie, vous n'avez plus dans les livres qui suivent : – *En marche, Au bord de l'infini* – qu'un horrible fatras incohérent et furieux, et où le sublime prend par le grotesque et s'y arrête.

Texte 3 • Charles Baudelaire, Réflexions sur quelques-uns de mes contemporains, 1861

[…] Ainsi Victor Hugo possède non seulement la grandeur mais l'universalité. Que son répertoire est varié ! et, quoique toujours *un* et compact, comme il est multiforme ! Je ne sais si parmi les amateurs de peintures beaucoup me ressemblent, mais je ne puis me défendre d'une vive mauvaise humeur lorsque j'entends parler d'un paysagiste (si parfait qu'il soit), d'un peintre d'animaux ou d'un peintre de fleurs, avec la même emphase qu'on mettrait à louer un peintre universel (c'est-à-dire un vrai peintre), tel que Rubens, Veronèse, Vélasquez ou Delacroix. Il me paraît en effet que celui qui ne sait pas tout peindre ne peut pas être appelé peintre.

Texte 4 • Leili Anvar, article paru dans *Le Monde des religions*, 1er mai 2009

Il m'arrive souvent de regretter qu'à l'école, on ne fasse plus apprendre par cœur les morceaux d'anthologie de la poésie française en général, et les poèmes de Victor Hugo en particulier. Il est bien triste que les enfants d'aujourd'hui, qui seront les adultes de demain, ne portent pas quelque part dans leur mémoire des vers qui pourraient leur servir de viatique[1] et de consolation pour les jours de chagrin ou les moments de doute. Je me souviens encore de l'ivresse d'entendre pour la première fois mon maître d'école réciter à la classe : « Demain dès l'aube, à l'heure où blanchit la campagne… ». Je me souviens encore de ce sonnet qui me fit lire *Les Contemplations* et aimer Hugo pour la vie. Il me revient chaque fois que je me demande si, au-delà de la tombe, les morts nous entendent et nous attendent, comme me reviennent, dans différentes circonstances de la vie, *À Villequier, À quoi songeaient les deux cavaliers dans la forêt* ou *Ce que dit la bouche d'ombre*, et tant d'autres poèmes emblématiques.

Les Contemplations ne sont pas seulement l'œuvre lyrique la plus achevée de la poésie française, mais aussi l'un des sommets de la littérature mystique. C'est avec ce recueil que Hugo, exilé à Jersey, sort du silence de plusieurs années qui suivit la mort de sa fille Léopoldine. Ce deuil qui terrassa le poète fut le point de départ des *Contemplations*, et les poèmes qui l'évoquent sont au centre de l'œuvre dont les trois thèmes majeurs sont la mort, la nature et Dieu. Étymologiquement, « contempler » signifie d'ailleurs observer une partie du ciel, le templum, délimité par l'augure[2] avec son bâton, afin d'y prendre les auspices[3] et d'y lire la volonté des dieux. Or, Hugo scrute la nature, le tombeau et le ciel afin d'y trouver les signes de l'immortalité de l'âme. Que ce soit par une évocation panthéiste[4] des éléments naturels, la sublimation de l'âme des morts en étoiles qui illuminent la nuit, ou l'invocation du Dieu amour, Hugo confronte ici ses démons et les

1. Au sens figuré ici, soutien, secours indispensable.
2. Dans l'Antiquité, prêtre chargé d'observer certains signes afin d'en tirer des présages.
3. Dans l'Antiquité romaine présage tiré des mouvements et du chant des oiseaux.
4. Le panthéisme divinise la nature.

transcende. Assis au bord du gouffre, il scrute l'abîme du désespoir, du mal et du doute, puis tourne son regard vers le ciel et retrouve le chemin de l'azur et de la rédemption, par l'amour qui est, au bout du compte, sa seule religion. Religion dont le poète est, à ses yeux, le représentant prophétique. Ainsi, voulant rendre compte de la manière dont les poèmes lui avaient été inspirés, il dit : « Dieu dictait, j'écrivais. » Ce Dieu qui apparaît dans presque tous les poèmes des *Contemplations*, Hugo s'adresse sans cesse à lui, l'interroge sur l'énigme de la souffrance, se rebelle contre sa cruauté et ses décrets, pour finalement se soumettre à sa volonté en reconnaissant qu'il est « bon, clément, indulgent et doux », même si ses œuvres résistent à la compréhension humaine.

Il est évidemment impossible de résumer des poèmes, il faut se laisser porter et emporter par la musique des vers et des rythmes, la magie visionnaire du poète prophète. C'est peut-être cela que notre époque a oublié ou voulu nier, en considérant la poésie comme une chose passée de mode, qu'il n'est plus nécessaire d'enseigner : l'alchimie du sens, qui jaillit de la beauté d'un assemblage où les mots, soudain, nous disent que « tout vit, tout est plein d'âmes ». Est-ce là le signe d'une époque désabusée, qui a perdu la foi ? Pas seulement la foi dans l'âme et l'invisible, mais aussi la foi dans l'aurore, l'amour et la compassion auxquels Hugo nous invite dans *Les Contemplations* :

« Cette loi sainte, il faut s'y conformer,
Et la voici, toute âme y peut atteindre
Ne rien haïr, mon enfant, tout aimer,
Ou tout plaindre ! »

In : *Le Monde des religions*, n° 35, 1er mai 2009, © Le Monde.

Comment écrire le deuil aujourd'hui ?

Commençons par un paradoxe : la douleur suscitée par la perte d'un être aimé est indicible, pourtant la dire est le remède trouvé par certaines femmes et certains hommes. Pourquoi dire ? Pour célébrer le souvenir, pour rendre présent l'absent, pour se rebeller et combattre la mort et enfin, au terme d'un long travail de deuil, peut-être pour accepter. Toutes ces postures mettent en évidence les pouvoirs magiques de l'écriture qui partage avec l'image la faculté de rendre immortel l'être que l'on célèbre. C'est ce que l'on peut appeler le pouvoir éternel et rédempteur de l'art. Cependant, il s'agit d'un exercice périlleux car les mots pour le dire sont fragiles et insaisissables. Ce sont des mots qui appartiennent à deux univers : celui du temporel et celui du spirituel, de l'éternel et donc parfois ils fuient, parfois ils manquent. Mais saisir l'insaisissable, n'est-ce pas là précisément la tâche de la poésie qui rappelle à la vie ce qui n'est plus ? L'existence d'un genre à part entière de poésie du deuil et d'hommage au défunt appelée le « tombeau » en témoigne. Dès lors l'écriture est la recherche permanente de la résolution d'une équation à une inconnue : l'absent(e).

1 • Quels rapprochements à la fois biographiques, thématiques et typographiques pouvez-vous faire entre le document 1 ci-contre et *Pauca Meae* ?

2 • Comment l'auteur du document 2 (p. 102) justifie-t-elle son besoin d'écrire ? S'agit-il des mêmes motivations que Victor Hugo ?

3 • Quelle double lecture à la fois heureuse et nostalgique peut-on faire de la photographie du document 3 (p. 103) ? Quels poèmes de *Pauca Meae* ont-ils également une double tonalité ?

4 • Comment Annie Ernaux envisage-t-elle son rapport à la mort ?

Document 1 • Stéphane Mallarmé, *Pour un tombeau d'Anatole*, rédigé en 1879, non publié, édité posthume en 1961

Stéphane Mallarmé (1842-1898) est un poète considéré comme le chef de file de la génération symboliste. C'est à la fois l'ami des peintres impressionnistes et des poètes comme Verlaine ou encore Valéry. Son écriture hermétique et conceptuelle en fait un poète souvent qualifié de difficile. En 1879, il perd son fils Anatole, âgé de 8 ans, qui meurt des suites de rhumatismes aigus. Mallarmé écrit alors 202 feuillets, ébauches qu'il ne publiera pas.

1

enfant sorti de
nous deux-nous
montrant notre
idéal, le chemin
– à nous ! père
et mère qui lui
en triste existence
survivons comme
les deux extrêmes –
mal associés en lui
et qui se sont séparés
– d'où sa mort – annu-
lant ce petit « soi » d'enfant

Document 2 • Anny Duperey, *Le Voile noir*, 1992

Annie Duperey est une actrice française née en 1947. Elle a perdu ses deux parents dans un accident alors qu'elle avait 8 ans et demi. En 1992, elle publie Le Voile noir, *une autobiographie avec des photos en noir et blanc de son père, le photographe Lucien Legras.*

J'avais pensé, logiquement, dédier ces pages à la mémoire de mes parents, de mon père, surtout, l'auteur de la plupart de ces photos, qui sont la base et la raison d'être de ce livre. Curieusement, je n'en ai pas envie.

J'en suis surprise. Mais je suppose que d'autres surprises m'attendent dans cette aventure hasardeuse que j'entreprends. On ne s'attaque pas impunément au silence et à l'ombre depuis si longtemps tombés sur ce qui a disparu.

Non je n'en ai pas envie. Leur dédier ce livre me semble une coquetterie inutile et fausse. Je n'ai jamais déposé une fleur sur leur tombe, ni même remis les pieds dans le cimetière où ils sont enterrés, pourquoi ferais-je aujourd'hui l'offrande de ces pages au vide ?

Mon père fit ces photos. Je les trouve belles. Il avait, je crois, beaucoup de talent. J'avais depuis des années l'envie de les montrer. Parallèlement, montait en moi la sourde envie d'écrire, sans avoir recours au masque de la fiction, sur mon enfance coupée en deux. Ces deux envies se sont naturellement rejointes et justifiées l'une l'autre. Car ces photos sont beaucoup plus pour moi que de belles images, elles me tiennent lieu de mémoire. Je n'ai aucun souvenir de mon père et de ma mère. Le choc de leur disparition a jeté sur les années qui ont précédé un voile opaque, comme si elles n'avaient jamais existé.

Document 3 • Anny Duperey, Couverture du *Voile noir*, 1992

La photographie représente l'auteur, enfant, avec son père, Lucien Legras.

Document 4 • Annie Ernaux, *Une femme*, 2012

L'auteur s'efforce de retrouver les différents visages de sa mère, morte le 7 avril 1986, au terme d'une longue maladie dégénérative.

Ma mère est morte lundi 7 avril à la maison de retraite de l'hôpital de Pontoise, où je l'avais placée il y a deux ans. L'infirmier a dit au téléphone : « Votre mère s'est éteinte ce matin, après son petit-déjeuner. » Il était environ dix heures.

Pour la première fois la porte de sa chambre était fermée. On lui avait déjà fait sa toilette, une bande de tissu blanc lui enserrait la tête, passant sous le menton, ramenant toute la peau autour de la bouche et des yeux. Elle était recouverte d'un drap jusqu'aux épaules, les mains cachées. Elle ressemblait à une petite momie. On avait laissé de chaque côté du lit les barres destinées à l'empêcher de se lever. J'ai voulu lui passer la chemise de nuit blanche, brodée de croquets, qu'elle avait achetée autrefois pour son enterrement. L'infirmier m'a dit qu'une femme de service s'en chargerait, elle mettrait aussi sur elle le crucifix, qui était dans le tiroir de la table de chevet. Il manquait les deux clous fixant les bras de cuivre sur la croix. L'infirmier n'était pas sûr d'en trouver. Cela n'avait pas d'importance, je désirais qu'on lui mette quand même son crucifix. Sur la table roulante, il y avait le bouquet de forsythias que j'avais apporté la veille. L'infirmier m'a conseillé d'aller tout de suite à l'état civil de l'hôpital. Pendant ce temps, on ferait l'inventaire des affaires personnelles de ma mère. Elle n'avait presque plus rien à elle, un tailleur, des chaussures d'été bleues, un rasoir électrique. Une femme s'est mise à crier, la même depuis des mois. Je ne comprenais qu'elle soit encore vivante et que ma mère soit morte.

À l'état civil, une jeune femme m'a demandé pour quoi c'était. « Ma mère est décédée ce matin. – À l'hôpital ou en long séjour? quel nom? » Elle a regardé une feuille et elle a souri un peu : elle était déjà au courant. Elle est allée chercher le dossier de ma mère et m'a posé quelques questions sur elle, son lieu de naissance, sa dernière adresse avant d'entrer en long séjour. Ces renseignements devaient figurer dans le dossier.

Dans la chambre de ma mère, on avait préparé sur la table de chevet un sac en plastique contenant ses affaires. L'infirmier m'a tendu la fiche d'inventaire à signer. Je n'ai plus désiré emporter les vêtements et les objets qu'elle avait eus ici, sauf une statuette achetée lors d'un pèlerinage à Lisieux avec mon père, autrefois, et un petit ramoneur savoyard, souvenir d'Annecy.

Alexandrine Achille

Alexandrine Achille est chargée de la collection photographique, du commissariat et de l'assistance aux expositions de la Maison de Victor Hugo.

▶ ***La maison de Victor Hugo est située place des Vosges dans le quartier du Marais, à Paris. L'auteur y a-t-il réellement vécu ?***

Oui. Il s'y installe en 1832 avec sa famille dans un appartement de 280 m². Depuis 1830 et le scandale de la bataille d'*Hernani*, Hugo est considéré comme le chef de file des romantiques et est déjà célèbre. Il a trente ans, est marié depuis 10 ans avec Adèle Foucher avec laquelle il a quatre enfants : Léopoldine, Charles, François-Victor et Adèle. C'est le début de son ascension sociale. Il louera l'appartement jusqu'en 1848.

En 1902, pour le centenaire de la naissance de Victor Hugo, Paul Meurice, le co-exécuteur testamentaire de Victor Hugo, ami de toujours de l'auteur, fait don à la ville de Paris de sa collection d'œuvres, de manuscrits, d'objets, de photographies concernant le grand homme, afin qu'un endroit où il a habité puisse célébrer sa mémoire. Complétée par des achats, cette collection est installée dans l'hôtel de Rohan-Guéménée, place des Vosges, qui ouvre au public en 1903. C'est le premier musée monographique littéraire de France. Ses dimensions sont considérablement agrandies par rapport à l'appartement initial de la famille Hugo.

▸ *Que présente la maison de Victor Hugo à ses visiteurs ?*

Au deuxième étage, dans ce qui fut l'appartement de Victor Hugo le musée présente un fonds diversifié (dessins de Victor Hugo, manuscrits, estampes, peintures, sculptures, livres, objets ayant appartenu à l'auteur et à sa famille, photographies), ainsi que des expositions plus réduites dites « formats de poche » sur un aspect de l'œuvre de l'écrivain. L'ensemble le plus important étant les dessins de Victor Hugo au nombre de 700. Ils ne sont pas présentés en permanence.

Au premier étage, deux expositions temporaires sont organisées chaque année avec des œuvres du musée et des prêts extérieurs.

▸ *Qui vient dans la maison de Victor Hugo et pourquoi ?*

Le public est composé à 60 % d'étrangers qui viennent voir le lieu où vécut le poète. Ce dernier est mondialement célèbre tant pour ses romans que pour ses combats politiques (pour l'éducation, contre le travail des enfants, contre la peine de mort).

Le prix Nobel de la paix, l'opposante birmane Aung San Suu Kyi, qui a enfin été autorisée à quitter son pays où elle est retenue depuis 24 ans, est venue en juin 2012 visiter le musée car c'est une admiratrice de Victor Hugo. C'est une visite symbolique chez celui qui défendit la liberté, la justice et combattit la misère, l'exploitation, la peine de mort.

▸ *Pour quelles œuvres Victor Hugo est-il le plus connu ?*

Il est surtout connu pour *Notre Dame de Paris* et pour *Les Misérables*. En poésie, *Les Contemplations* restent son œuvre la plus célèbre.

▸ *En parlant des* Contemplations *et du livre IV,* Pauca Meae, *quelle est, selon vous, la place de Léopoldine dans la vie de Victor Hugo et dans sa maison ?*

Léopoldine tient une place très importante dans la vie du poète.

C'est son deuxième enfant (après un fils prénommé Léopold, qui ne vécut que quelques mois). Elle était d'une grande beauté, sensible et intelligente. Il existait, d'après ce que nous apprend la correspondance, une grande complicité entre le père et la fille. À la suite de sa tragique disparition, la douleur de l'écrivain fut immense.

Dès lors, la famille tout entière entretint un véritable culte de Léopoldine, comme en témoignent les «reliques» conservées par sa mère Adèle Hugo (robe de mariée, robe dans laquelle elle s'est noyée). La maison de Victor Hugo possède certaines de ces pièces et a même acquis en avril 2012 la couronne de mariée de Léopoldine.

Après la mort de sa fille, l'auteur des *Contemplations*, exilé à Jersey, essaie d'entretenir un lien avec elle par l'intermédiaire des «tables parlantes» qui sont des expériences de spiritisme ayant pour but de communiquer avec les défunts.

La salle à manger à décor chinois de la maison de Victor Hugo, Paris, place des Vosges.

Lire

POÉSIE ET RÉCITS

• Victor Hugo, *Les Contemplations*, 1853

Le livre IV, Pauca Meae, *qui est le centre du recueil des* Contemplations *sera d'autant plus éclairé par la lecture des livres I* Aurore, *II* L'âme en fleur *et III* Les luttes et les rêves *qui retracent la jeunesse du poète et le début de ses combats littéraires et politiques.*

• Victor Hugo, *Les Misérables*, 1862

Ce vaste roman, considéré comme un des plus célèbres de la littérature française a été composé à la même époque que les Contemplations. *Il dénonce la misère humaine sous toutes ses formes. L'amour que porte le bagnard Jean Valjean à la petite Cosette peut rappeler la relation privilégiée entre Léopoldine et son père.*

• Ovide, *Les Métamorphoses*, livre X

Le mythe fondateur de la poésie qui raconte comment la lyre enchanteresse d'Orphée séduit tous et toutes et parvient à dépasser la mort.

• Pascal Quignard, *Tous les matins du monde*, Gallimard, 1991

Une réécriture lointaine du mythe d'Orphée qui montre comment l'art, la musique en l'occurrence, permet d'entrer en contact avec ceux qui ont disparu.

• Anny Duperey, *Le Voile noir*, Le Seuil, 1992

Un livre très émouvant qui propose une traversée du deuil à travers l'écriture et la photographie.

• Patti Smith, *Just Kids*, Denoël, 2012

Romantiques, engagés dans leur pratique artistique, nourris de rêves et d'ambitions, ils se soutiennent et se donnent confiance pendant les années de vache maigre. Just Kids *commence comme une histoire d'amour et finit comme une élégie.*

Bandes dessinées

• Duval, Gioux, Quet, Beau, *Hauteville House, 1. Zelda*, Delcourt, 2004 (8 albums)

Hauteville House est le nom de la maison de Victor Hugo à Guernesey. C'est la cachette d'une poignée de soldats républicains engagés dans la lutte contre Napoléon III. Les albums racontent les aventures de leur meilleur agent au nom de code évocateur : Gavroche.

Voir

Films

• *Les Contemplations*, Éric Rohmer, téléfilm de 1966

Un téléfilm pédagogique du cinéaste de la nouvelle vague sur Hugo le visionnaire.

• *L'Histoire d'Adèle H*, François Truffaut, 1975

Une biographie romancée de la seconde fille de Victor Hugo, Adèle, qui resta toujours dans l'ombre de Léopoldine.

• *Les Misérables*, Tom Hooper, décembre 2012

Une énième adaptation hollywoodienne de la comédie musicale tirée du roman de Victor Hugo qui montre la permanence de l'actualité du texte.

Musée

• La maison de Victor Hugo, à Paris

Premier musée monographique littéraire de France, la maison de Victor Hugo présente l'appartement où vécut l'écrivain, ses souvenirs ainsi que de nombreuses expositions. 6, Place des Vosges, 75004 Paris. Tél. : 01 42 72 10 16.

Table des illustrations

Couverture : Victor Hugo (1802-1885), *Fracta juventus ou le burg à l'ange*, 1863, plume, encre et lavis, fusain, aquarelle, gouache et papier découpé (15 x 23 cm), Paris, musée Victor Hugo, © Maison de Victor Hugo/Roger-Viollet.

p. 4 : Victor Hugo à Jersey en 1853. Photo de Charles Hugo, Maison de Victor Hugo, Paris, BIS/Ph. Coll. Archives Larbor.

p. 6, 8 et 67 : « Ce que je vois de ma fenêtre. Andernach. Bord du Rhin. 10 septembre 1840... », plume et lavis d'encre brune de Victor Hugo, Paris, maison de Victor Hugo, © Maisons de Victor Hugo/Roger-Viollet.

p. 11 : Léopoldine Hugo par Édouard-Louis Dubufe (1820-1883), Paris, Maison de Victor Hugo, © Maison de Victor Hugo/ Roger-Viollet.

p. 12 : Louis Boulanger (1806-1867), Frontispice des Contemplations, aquarelle sur parchemin (23 x 14,5 cm), Maison de Victor Hugo, Paris, © RMN - Grand Palais/Agence Bulloz.

p. 16 : Adeline, *Un coin du cimetière de Villequier*, 1891, dessin à la plume, Paris, Maison de Victor Hugo, BIS/Ph. Jeanbor © Archives Larbor.

p. 24 : Léopoldine, dessin de Victor Hugo, vers 1832, Bibliothèque nationale de France, Paris, © BNF.

p. 27 a : Léopoldine par sa mère, Adèle Hugo, ex-Adèle Foucher, dessin, 1833, Paris, Maison de Victor Hugo, BIS/Ph. Jeanbor © Archives Larbor.

p. 27 b : François Hugo par sa mère, Adèle Hugo, ex-Adèle Foucher, dessin de 1833, Paris, Maison de Victor Hugo, BIS/Ph. Coll. Archives Larbor.

p. 27 c : Charles Hugo par sa mère, Adèle Hugo, ex-Adèle Foucher, dessin, 1833, Paris, Maison de Victor Hugo, BIS/Ph. Coll. Archives Larbor.

p. 27 d : Adèle Hugo par sa mère, Adèle Hugo, ex-Adèle Foucher, dessin, 1833, Paris, Maison de Victor Hugo, BIS/Ph. Coll. Archives Larbor.

p. 33 : Portrait de Léopoldine Hugo par sa mère, dessin à la mine de plomb, Paris, Maison de Victor Hugo, BIS/Ph. Coll. Archives Larousse.

p. 37 : *L'Ombre du mancenillier*, dessin de Victor Hugo, 1856, Paris, BNF, BIS/Ph. Coll. Archives Larbor.

p. 46 : *Le Triomphe de la Mort*, miniature (1470) pour un manuscrit de Pétrarque (1304-1374), Paris, BNF, BIS/Ph. Coll. Archives Larbor.

p. 53 : Portraits de Charles Vacquerie et Léopoldine Hugo, dessin d'Adèle Hugo, Paris, Maison de Victor Hugo, BIS/Ph. Jeanbor © Archives Larbor.

p. 54 : « Demain dès l'aube... », manuscrit autographe de Victor Hugo, en date du 4 octobre 1847. Vers publiés en 1856. Paris, BNF, BIS/Ph. Coll Archives Larbor.

p. 55 et 79 : Victor Hugo sur le rocher des Proscrits en 1853 (Île de Jersey), photographie de Charles Hugo, BIS/Ph. Coll. Archives Larbor.

p. 56 : Victor Hugo et Auguste Vacquerie à Jersey en 1853, Paris, Maison de Victor Hugo, BIS/Ph. Coll. Archives Larbor.

p. 69 : *Blaise Pascal*, sculpture d'Augustin Pajou (1730-1809), ronde-bosse en terre cuite, Sèvres, musée national de Céramique, BIS/Ph. Luc Joubert © Archives Larbor.

p. 84 : John Everett Millais (1829-1896), *Ophélie*, huile sur toile (0,76 x 1,12 m), Londres, Tate Gallery, BIS/Ph. Eileen Tweedy © Archives Larbor.

p. 87 : Gustave Moreau (1826-1898), *Orphée sur la tombe d'Eurydice*, huile sur toile, Paris, musée Gustave Moreau, BIS/Ph. H. Josse © Archives Larbor.

p. 89 : Antoine Bourdelle (1861-1929), *Étude pour la fresque Orphée et Eurydice*, théâtre des Champs-Élysées, aquarelle et plume, 1912, Paris, musée Bourdelle, © Musée Bourdelle/Roger-Viollet.

p. 105 : © D.R.

p. 107 : La salle à manger à décor chinois de la maison de Victor Hugo, Paris, place des Vosges, © Roger-Viollet.

p. I : Auguste de Châtillon (1813-1881), *Léopoldine au livre d'heures*, vers 1835, huile sur toile (73 x 60 cm), Paris, Maison de Victor Hugo, © Maison de Victor Hugo/Roger-Viollet.

p. II : Victor Hugo (1802-1885), *Fracta juventus ou le burg à l'ange*, 1863, plume, encre et lavis, fusain, aquarelle, gouache et papier découpé (15 x 23 cm), Paris, musée Victor Hugo, © Maison de Victor Hugo/Roger-Viollet.

p. III : Victor Hugo (1802-1885), *La vague ou « Ma destinée »*, 1857, plume et lavis d'encre brune, gouache sur papier vélin (17 x 26 cm), Paris, musée Victor Hugo, © Maison de Victor Hugo/Roger-Viollet.

p. IV : Eugène Delacroix (1798-1863), *La Mort d'Ophélie*, 1844, huile sur toile (23 x 60 cm), Paris, musée du Louvre, © G . Blot/RMN - Grand Palais (Musée du Louvre).

Conception graphique : Julie Lannes
Design de couverture : Denis Hoch
Recherche iconographique : Laurence Vacher
Mise en page : ScienTech Livre
Édition : Valérie Antoni
Fabrication : Aude Cauchet-Lapeyronie

N° d'éditeur : 10191487 - Dépôt légal : Décembre 2012
Imprimé en France par I.M.E. - 25110 Baume-les-Dames

COLLÈGE

73. **Balzac**, *Adieu*
65. **Bédier**, *Tristan et Iseut*
74. **Chrétien de Troyes**, *Yvain, le Chevalier au lion*
51. **Courteline**, *Le gendarme est sans pitié*
38. **Dumas**, *Les Frères corses*
71. **Feydeau**, *Un fil à la patte*
67. **Gautier**, *La Morte amoureuse*
1. **Homère**, *L'Odyssée*
29. **Hugo**, *Le Dernier Jour d'un condamné*
2. **La Fontaine**, *Le Loup dans les Fables*
3. **Leprince de Beaumont**, *La Belle et la Bête*
10. **Maupassant**, *Boule de suif*
26. **Maupassant**, *La Folie dans les nouvelles fantastiques*
43. **Maupassant**, *Quatre nouvelles normandes* (anthologie)
62. **Mérimée**, *Carmen*
11. **Mérimée**, *La Vénus d'Ille*
68. **Molière**, *George Dandin*
7. **Molière**, *L'Avare*
76. **Molière**, *L'École des femmes*
23. **Molière**, *Le Bourgeois gentilhomme*
58. **Molière**, *Le Malade imaginaire*
70. **Molière**, *Le Médecin malgré lui*
52. **Molière**, *Le Sicilien*
36. **Molière**, *Les Fourberies de Scapin*
6. **Nicodème**, *Wiggins et le perroquet muet*
21. **Noguès**, *Le Faucon déniché*
59. **Perrault**, *Trois contes* (anthologie)
8. **Pouchkine**, *La Dame de pique*
39. **Rostand**, *Cyrano de Bergerac*
24. **Simenon**, *L'Affaire Saint-Fiacre*
9. **Stevenson**, *Le Cas étrange du Dr Jekyll et de M. Hyde*
54. **Tolstoï**, *Enfance*
61. **Verne**, *Un hivernage dans les glaces*
25. **Voltaire**, *Le Monde comme il va*
53. **Zola**, *Nantas*
42. **Zweig**, *Le Joueur d'échecs*
4. *La Farce du cuvier* (anonyme)
37. *Le Roman de Renart* (anonyme)
5. *Quatre fabliaux du Moyen Âge* (anthologie)
41. *Les Textes fondateurs* (anthologie)
22. *Trois contes sur la curiosité* (anthologie)
44. *Quatre contes de sorcières* (anthologie)
27. *Quatre nouvelles réalistes sur l'argent* (anthologie)
64. *Ali Baba et les quarante voleurs*

LYCÉE

33. **Balzac**, *Gobseck*
60. **Balzac**, *L'Auberge rouge*
47. **Balzac**, *La Duchesse de Langeais*
18. **Balzac**, *Le Chef-d'œuvre inconnu*
72. **Balzac**, *Pierre Grassou*
32. **Beaumarchais**, *Le Mariage de Figaro*
20. **Corneille**, *Le Cid*
78. **Corneille**, *Médée*
56. **Flaubert**, *Un cœur simple*
77. **Hugo**, *Les Contemplations : Pauca Meae*
49. **Hugo**, *Ruy Blas*
57. **Marivaux**, *Les Acteurs de bonne foi*
48. **Marivaux**, *L'Île des esclaves*
19. **Maupassant**, *La Maison Tellier*
69. **Maupassant**, *Une Partie de campagne*
55. **Molière**, *Amphitryon*
15. **Molière**, *Dom Juan*
79. **Molière**, *Le Misanthrope*
35. **Molière**, *Le Tartuffe*
63. **Musset**, *Les Caprices de Marianne*
14. **Musset**, *On ne badine pas avec l'amour*
46. **Racine**, *Andromaque*
66. **Racine**, *Britannicus*
30. **Racine**, *Phèdre*
13. **Rimbaud**, *Illuminations*
50. **Verlaine**, *Fêtes galantes, Romances sans paroles*
45. **Voltaire**, *Candide*
17. **Voltaire**, *Micromégas*
31. *L'Encyclopédie* (anthologie)
75. *L'Homme en débat au* XVIIIe *siècle* (anthologie)